11/24 $12

MARTA HARNECKER / JOSÉ BARTOLOMÉ

PLANIFICANDO DESDE ABAJO

MARTA HARNECKER / JOSÉ BARTOLOMÉ

Con la colaboración de
NOEL LÓPEZ

PLANIFICANDO DESDE ABAJO

Una propuesta de planificación participativa descentralizada

El Viejo Topo

© Marta Harnecker y José Bartolomé, 2015
Edición propiedad de Ediciones de Intervención Cultural/El Viejo Topo
Diseño: Elisa Nuria C. C. /Miguel R. Cabot
ISBN: 978-84-1628842-7
Depósito Legal: B-13448-2015
Imprime: Ulzama
Impreso en España

Índice

Presentación   13

PRIMERA PARTE
Aspectos conceptuales

Capítulo I
Lo que entendemos por planificación participativa
descentralizada   23
    1) Buscando el mayor protagonismo
    2) ¿Qué significa planificar?   24
    3) Hacia una planificación participativa
       descentralizada   27
          a) Lo participativo en la planificación   28
          b) Lo descentralizado en la planificación   28
    4) Logros y debilidades del presupuesto
       participativo   30
    5) La importancia política de nuestra propuesta   33

Capítulo II
Las Experiencias de Venezuela y Kerala   37
    1) El papel de las comunidades organizadas en
       Venezuela   37

a) El concepto de comunidad	37
b) Plan único que permita articular todas las iniciativas comunitarias	39
c) Priorizar de acuerdo a lo que la comunidad puede resolver	40
d) Promover el control social	41
e) Asegurar una elección representativa	42
f) Evitar la manipulación política	44
g) Entregar recursos financieros a proyectos pequeños	45
h) Pequeñas obras de gran impacto en Santa Tecla, San Salvador	45
i) Si hay escasez de recursos, concursar ideas-proyectos comunitarios	47
j) El aporte venezolano al proceso de planificación participativa	48
2) La experiencia de planificación participativa descentralizada de Kerala	49
a) Tres niveles de autogobierno local	51
b) Descentralización de importantes recursos financieros	52
c) Principios por los que se rige el proceso de planificación participativa en Kerala	53
d) El nivel más bajo de autogobierno	54
e) Reuniones en espacios más pequeños	55

Capítulo III
Condiciones sin las cuales no puede haber planificación participativa descentralizada 57
    1) Conformación de espacios geográficos adecuados 57
    2) Descentralización de competencias 62

    3) Descentralización de recursos   65
        a) Recursos financieros   66
        b) Recursos en equipamiento y personal   67
    4) Sensibilización de la población en general y de los principales actores   68
    5) Capacitación de los actores   70
    6) Generación de una buena base de datos   71

Capítulo IV
Áreas territoriales, el eslabón clave de la planificación participativa municipal   73
    1) Plan de Desarrollo Municipal   73
    2) Plan de Desarrollo del Municipio, Presupuesto y Plan de Inversión Anual   74
    3) Plan del municipio dentro del Sistema Nacional de Planificación   75
    4) La planificación participativa en las áreas territoriales: el eslabón clave   76

Capítulo V
Bases constitucionales y legales para la planificación participativa   79

Segunda Parte
Instancias y actores

Capítulo I
Consideraciones generales   83
    1) Combinación de democracia directa y democracia delegada   83

a) La democracia directa y sus límites	84
b) Asambleas de democracia delegada y asambleas de democracia directa	85
c) La democracia se fortalece con el sistema de delegación	86
d) Cómo evitar que los y las delegadas se separen de sus bases	87
e) La participación ciudadana en las comunidades: un sistema de democracia directa	89
2) Foros públicos	90
a) Foros temáticos	90
b) Foros de servicios	93
3) Voluntariado de profesionales y técnicos	93
4) Talleres de formación	95
5) Instancias de coordinación y asesoría	96
a) Pequeño equipo de coordinación gubernamental	96
b) Comité asesor de notables	98

Capítulo II

Instancias y actores institucionales a nivel local	100
1) Equipos de Planificación y Presupuesto	103
2) Equipos de Promoción Social	108
3) Coordinadores territoriales y Comunitarios	112
4) Secretarías o Departamentos de la Alcaldía y otros entes del Estado	114

Capítulo III

Instancias de Participación Ciudadana	115
1) Consejos de Planificación Participativa	115

a) Instancia rectora	115
b) Tareas del Consejo de Planificación Participativa	116
c) Consejeras y consejeros	122
d) Invitados permanentes a los Consejos	129
2) Asambleas de Planificación Participativa	129
a) Asambleas de Planificación Participativa con sistema de delegación (área territorial y municipio)	130
b) Asambleas Comunitarias de Planificación Participativa	132

Anexos

Anexo I
Niveles de descentralización y tipos de competencias   141
Anexo II
Propuesta de distribución de recursos financieros
a las áreas territoriales   143
Anexo III
Elementos a considerar en una Base de Datos   159

Links a los libros y audiovisuales sobre participación de
Marta Harnecker y a los dos Documentales de Luis Acevedo Fals 167

Presentación

Este texto está dirigido a quienes desean construir una sociedad humanista y solidaria, con pleno protagonismo popular. Una sociedad que ponga en práctica un modelo de desarrollo ecológicamente sostenible, que satisfaga de forma equitativa las verdaderas necesidades de la población y no las necesidades artificiales creadas por el capitalismo en su loca carrera por obtener más ganancias. Una sociedad en la que quien decida qué, cuánto y cómo producir sea el pueblo organizado.

La cuestión es entonces: cómo lograr este pleno protagonismo; cómo hacer que se interesen en ello no sólo los militantes y simpatizantes de izquierda, sino todas las ciudadanas y ciudadanos, y no sólo los sectores populares sino también los sectores medios; cómo conseguir que los intereses solidarios primen sobre los intereses egoístas; cómo lograr que los sectores más desfavorecidos y olvidados pasen a ser considerados y que se busque saldar con ellos la deuda social contraída por anteriores gobiernos.

Estoy convencida de que es a través de lo que hemos denominado planificación participativa descentralizada como se pueden lograr estos objetivos y he llegado a esta conclusión, no a través de reflexiones de escritorio, sino a través del estudio de experiencias prácticas de presupuesto y planificación participativos principalmente en Brasil, Venezuela y el Estado indio de Kerala.

Me atrajo mucho la experiencia del presupuesto participativo que puso en práctica el gobierno del Partido de los Trabajadores en Porto Alegre, Brasil, por tratarse de una nueva forma de gobernar: transparente, no corrupta y que delegaba poder en la gente.

Asimismo, pude constatar cuánto se fortalecía el sujeto popular en Venezuela con la iniciativa que tuvo el presidente Chávez de impulsar la creación de los consejos comunales y su decisión de otorgarles recursos para pequeñas obras, no en forma populista, satisfaciendo desde el Estado una demanda de la comunidad, sino luego de un proceso de planificación participativa donde las y los ciudadanos de dicha comunidad han puesto en práctica lo que él denominó: "ciclo comunal". Este implicaba realizar las siguientes acciones: diagnóstico, elaboración del plan y del presupuesto, ejecución de los proyectos y control de su puesta en práctica.

Por último, fue muy importante para mí conocer de cerca una de las primeras experiencias mundiales de lo que se ha denominado "planificación participativa descentralizada", aquella que ha tenido lugar en el Estado indio de Kerala. Allí, un gobierno comunista decide poner en práctica en 1996 un notable proceso de descentralización, no sólo de recursos monetarios, sino también materiales y humanos, para la ejecución de planes de desarrollo local con participación activa de la población, lo que ha redundado en un desarrollo económico y social más participativo que en el resto de la India y en el crecimiento en autoestima y autoconfianza de sus habitantes. Es la descentralización de los factores antes señalados lo que permite una mayor autonomía de los gobiernos locales para planificar su desarrollo, permitiendo poner en práctica una planificación participativa mucho más efectiva. Y es por ello que hemos titulado nuestro trabajo: "planificación participativa descentralizada".

Es a través de un proceso planificación de estas características como la riqueza de una sociedad pasa a ser gestionada por la sociedad y no por una élite, y puede ponerse al servicio de toda la sociedad. Y por ello estoy convencida de que la planificación participativa descentralizada es un rasgo esencial a la nueva sociedad humanista y solidaria que queremos construir.

Al no tener color político, ya que convoca a todas y todos los ciudadanos a participar en la elaboración del plan de desarrollo aportando sus criterios y colaborando en las diversas tareas que ello involucra, la planificación participativa crea amplios espacios de encuentro que permiten reunir tanto a personas de la más diferente militancia política, como a personas que nunca han militado en un partido, o que sienten un rechazo por las malas prácticas políticas y por los políticos.

Esta forma de planificar no sólo es el instrumento ideal para lograr una plena participación de las ciudadanas y ciudadanos en la gestión de los asuntos públicos, sino que, al mismo tiempo, las personas involucradas en dicho proceso crecen humanamente, se dignifican, aumenta su autoestima, amplían sus conocimientos en aspectos políticos, culturales, sociales, económicos, ambientales. Y lo más importante, dejan de sentirse mendigando soluciones del Estado. Se sienten, por el contrario, constructoras de su propio destino.

En esta actividad, como en toda actividad humana existe un doble producto[1]: un primer producto objetivo material: el plan construido en forma participativa que es algo palpable porque está a la vista de todos, y un segundo producto subjetivo espiritual mucho menos tangible, que sólo una mirada atenta descubre: la transformación de las personas a través de esa práctica, su crecimiento humano, como señalamos en el párrafo anterior.

Se trata de un proceso educativo en el que quienes participan van aprendiendo a indagar las causas de las cosas, a respetar las opiniones de los otros, a entender que los problemas que confrontan no son exclusivamente de su calle y de su barrio, sino que están relacionados con la situación global de la economía, la situación social nacional, inclusive con la situación internacional. Aprenden que los problemas de cada persona y de cada comunidad deben examinarse dentro del contexto de la realidad de otras personas y otras comunidades que quizá tengan una situación mucho más difícil y más urgente que la propia y, con todo eso se van creando nuevas relaciones de solidaridad, de complementariedad, que ponen el acento más en lo colectivo que en lo individual.

Todo esto hace que las personas que participan en el proceso se politicen en el sentido amplio de la palabra y eso les permite tener una opinión independiente que ya no puede ser manipulada por

---

1. La idea de que en toda práctica humana hay un doble producto la obtengo de Michael Lebowitz. Ver su libro: *La alternativa socialista: el verdadero desarrollo humano*, Monte Ávila, Caracas, Venezuela, 2013. Primera parte, Capítulo II. La producción de los seres humano. Él usa le término "joint product" que se usa en el lenguaje económico. En castellano se tradujo por "doble producto".

los medios de comunicación predominantemente en manos de las fuerzas conservadoras.

Este trabajo es una propuesta elaborada en forma sencilla y en lenguaje fácilmente accesible con el propósito de que sirva de material de apoyo a aquellos gobiernos locales que deseen iniciarse en la planificación participativa. Ha contado con innumerables versiones. En las primeras tuvo una participación muy significativa el economista venezolano Noel López; en las más recientes ha hecho importantes aportes tanto de contenido como de forma el economista español José Bartolomé. También he recibido significativas contribuciones de la chilena Ximena de la Barra y del estadounidense Richard Franke. Por último, he podido contar con valiosas sugerencias del español Tomás Villasante; el colombiano Rafael Enciso; los venezolanos Francisco Cañizales y Evaristo Marcano; y el ecuatoriano Álvaro Sáenz. A todos ellos agradezco haberme acompañado en la elaboración de este texto.

Sin duda fueron también muy importantes para mí las experiencias prácticas en las que estuve directamente involucrada en Venezuela: la del municipio Libertador, estado Carabobo, y la del municipio Torres, estado Lara. A ellas hay que agregar: los Talleres sobre Planificación Participativa en la Comuna realizados con el grupo de voceras y voceros de los proyectos de Comuna en Unión Noreste, San Jacinto, Barquisimeto, Estado Lara en octubre de 2008; en La Azulita, Mérida, en diciembre de 2008; y de los talleres sobre planificación en la comunidad para facilitadores realizados en el municipio Falcón del Estado Falcón el 21 y 22 marzo 2009 y en Río Caribe, municipio Arismendi, estado Sucre, el 16 y 17 de octubre de ese mismo año.

Lógicamente nuestras ideas pueden ser asumidas o no y estarán siempre sujetas a revisión a la luz de la experiencia de los que emprendan este camino.

Este libro es sólo una parte de un trabajo más extenso en preparación. Decidimos publicarlo como un tomo aparte para poder adelantar su circulación sin tener que esperar el desarrollo completo del libro inicialmente proyectado. En él nos referimos a las consideraciones más generales acerca del proceso de planificación descentralizada municipal. El material todavía en preparación –que constituirá probablemente otro tomo– abordará nuestra propuesta metodológica acerca de cómo llevar adelante este proceso tanto en la comunidad como en el área territorial y en el municipio.

Este primer tomo está compuesto de dos partes: la primera se refiere a los aspectos conceptuales (planificación, planificación participativa descentralizada, su importancia política, condiciones sin las cuales no se puede dar este proceso, papel de las comunidades organizadas en él). La segunda se refiere a los actores e instancias que deben participar en el proceso. La primera parte cuenta con tres anexos: el primero ilustra los tres niveles de descentralización y el tipo de competencias que debe asumir cada nivel; el segundo ofrece una propuesta de distribución de recursos financieros a las áreas territoriales de tal modo que salgan favorecidas aquellas hasta entonces más abandonadas; y el tercero señala los elementos que estimamos deben ser investigados al elaborar una base de datos de un determinado espacio geográfico. El índice detallado que caracteriza a nuestras publicaciones puede dar a nuestros lectores una visión más clara de su contenido.

Aunque la situación ideal es que desde el Estado central se decida la descentralización de un porcentaje importante de los recursos nacionales destinados al desarrollo del país, no cabe duda que la mayor parte de los países están muy lejos de contar con una situación de este tipo. Sin embargo, consideramos que esto no debe ser impedimento para que las autoridades locales que así lo deseen emprendan procesos para desarrollar la planificación participativa descentralizada en sus propios ámbitos. De esta manera podrían contribuir a formar, a través de esas prácticas, a ciudadanas y ciudadanos más preparados para ser protagonistas de la nueva sociedad que queremos construir, aquella donde el protagonismo de la gente sea uno de sus rasgos centrales.

Nos alegraría enormemente que nuestra propuesta fuese puesta en práctica en algunas experiencias piloto municipales y que pudiésemos contar luego con las sugerencias de corrección y ajuste que pudiesen surgir de dichas prácticas.

Marta Harnecker
29 marzo 2015

Primera Parte

Aspectos conceptuales

Capítulo I

Lo que entendemos por planificación participativa descentralizada

1) BUSCANDO EL MAYOR PROTAGONISMO

1. En este trabajo partimos de la base que queremos construir una sociedad radicalmente democrática, solidaria y respetuosa de la naturaleza. Una sociedad conscientemente construida por la gente, donde sea esta y no una élite la que determine la manera como quiere vivir y además se apropie de la riqueza social producida en ella para el desarrollo de una Vida en Plenitud (Sumak Kawsay) o el Buen Vivir de todas y todos, con criterios de igualdad, equidad, solidaridad, eficiencia y eficacia. Para ello debemos diseñar los espacios y los métodos que nos permitan conseguir estos objetivos.

2. **Espacios geográficos** en los que la gente tenga posibilidad de informarse, de pronunciarse y tomar decisiones (espacios territoriales, centros de trabajo, centros de estudio, grupos de interés).

3. **Métodos** que permitan el mayor grado de protagonismo de la gente, dónde esta no solo se informe, discuta, vote, sino que, además, decida y controle que sus decisiones no se queden en el papel y, de esta manera, participe activamente en la construcción de esa sociedad más justa y solidaria en la que todos queremos

vivir. Nosotros consideramos que el mejor método para lograr estos objetivos es el de planificación participativa.

4. Pero antes de hablar de planificación participativa, expliquemos primero qué entendemos por planificación[1].

2) ¿QUÉ SIGNIFICA PLANIFICAR?

5. Ustedes saben que se puede gobernar bien o mal. A veces no se definen con suficiente claridad las metas a alcanzar o estas se sustentan en una interpretación incorrecta de la realidad que se pretende cambiar y esto lleva a que se tomen decisiones erradas que, lejos de acercarnos, nos alejan de ellas. Puede ocurrir también que, habiendo definido con claridad las metas y seleccionando acertadamente las acciones que es necesario ejecutar, se subestimen los recursos requeridos para su realización o no se sea capaz de imaginar con suficiente anticipación los obstáculos que puedan ir surgiendo en el camino, obstáculos que a la postre pueden impedir avanzar hacia esas metas.

6. ¿Qué distingue un buen gobierno de otro que no lo es? ¿Por qué éste logra alcanzar sus fines mientras otros naufragan en el trayecto?

7. Un buen gobierno no improvisa, sino que reflexiona antes de

---

1. Los párrafos 8 al 13 reproducen casi textualmente parte del texto de Flavio Carucci T, *Agendas sociales. Construyendo acuerdos para el desarrollo local*, publicado con el auspicio de la GTZ, Escuela de gerencia social, ILDIS, Caracas, Venezuela, 2009, p.14.

actuar y en base a informaciones adecuadas, toma decisiones acertadas que le permiten lograr los resultados buscados.

8. Estas decisiones basadas en datos concretos, que deben acompañar todo acto de gobierno, forman parte de lo que entendemos por planificación.

9. **Planificar es reflexionar antes de actuar.** Lo contrario de planificar es improvisar, es decir, tomar decisiones sin pensar ni conocer previamente sus posibles consecuencias sobre nuestros propósitos. Por supuesto que todo gobernante tiene que planificar de alguna manera, pues de una u otra forma debe pensar antes de actuar. Pero a veces piensa tan poco o piensa a partir de una información tan precaria que sus actos de gobierno se acercan bastante a la improvisación.

10. El proceso de planificación abarca distintos elementos, estrechamente vinculados a las tareas que debe realizar quien gobierna, y se expresa de la siguiente manera:

- tener una meta hacia la cual caminar,
- estudiar bien la realidad que se pretende cambiar,
- definir con claridad los cambios deseados,
- explorar las distintas acciones a emprender para lograr dichos cambios y los recursos materiales, humanos y financieros necesarios para emprenderlas,
- seleccionar las más eficaces y más viables,
- ejecutar las acciones seleccionadas y
- evaluar los resultados de su materialización para cambiarlas si fuese necesario.

11. Cuando una sociedad se propone planificar su desarrollo es porque considera que no puede dejar al azar o a las actuaciones

del mercado el proceso para alcanzar las metas que se ha propuesto conseguir. Son necesarios actos de voluntad colectiva para modificar situaciones injustas, reorientar actividades económicas y mejorar el bienestar de la gente.

12. Lograr esos objetivos lleva años e implica actuaciones que no se limitan a la mejora de los servicios y la infraestructura públicos, aunque esto también sea muy importante, sino que van a afectar al conjunto de la sociedad, como: eliminar las inequidades, crear puestos de trabajo, aprovechar los recursos disponibles de manera sostenible salvaguardando la naturaleza, desarrollar iniciativas cooperativas donde se elimine la explotación, reducir la dependencia del exterior y otros.

13. Por último, no debemos olvidar que ese desarrollo se realiza en un determinado territorio geográfico que tiene características particulares: cuencas hidrográficas, montañas, costas, ríos o lagos, tierras con mayor o menor vocación agrícola, zonas turísticas, terrenos más apropiados para construir viviendas que otros, zonas de riesgo, áreas metropolitanas, etcétera, y que además experimenta un determinado proceso de desarrollo demográfico.

14. Todos estos elementos deben tenerse en cuenta al planificar el desarrollo: no tiene sentido construir una fábrica en un lugar turístico, ni cultivar cítricos en un lugar sin agua, ni construir viviendas en un cerro que puede desmoronarse en un deslave. El ideal es que exista un plan de ordenamiento territorial elaborado a nivel nacional que permita orientar el proceso de planificación del desarrollo local que queremos implementar. En Ecuador existe un estudio muy serio en este sentido que se ha plasmado en un documento llamado: Código Orgánico de Ordenamiento Territorial, Autonomía y Descentralización (COOTAD).

15. De lo expuesto hasta aquí debemos deducir que **la planificación es un instrumento y no un objetivo**: el instrumento que debe permitirnos alcanzar las metas sociales que nos hemos propuesto.

3) HACIA UNA PLANIFICACIÓN PARTICIPATIVA DESCENTRALIZADA

16. Ahora bien, no existe una forma única de planificar, esta puede ser realizada por un equipo técnico a puertas cerradas o se puede realizar buscando distintos grados de participación de la gente, desde la mera consulta hasta la toma de decisiones.

17. La planificación que nosotros planteamos es la antítesis de la planificación centralizada que se puso en práctica en el socialismo soviético. En la antigua URSS se pensaba que la coordinación de todos los esfuerzos por construir la nueva sociedad requería de una autoridad central única. Era un proceso en que las decisiones se tomaban siempre de arriba hacia abajo, sin considerar que muchas veces es abajo donde se conocen mejor los problemas y las posibles soluciones.

18. Por otra parte, no pocas veces, los procesos que son calificados como presupuestos participativos se limitan a ser procesos de mera consulta. Algunos gobernantes locales, en lugar de impulsar un proceso de toma de decisiones por parte de la ciudadanía, se limitan a consultarla acerca de las obras y servicios que habría que ejecutar. La gente de la localidad es llamada a participar en mesas de trabajo y allí puede indicar cuáles son las obras y servicios de mayor prioridad para su comunidad. Estos señalamientos son recogidos por equipos técnicos y son los técnicos y

no la gente quienes determinan cuáles son las obras y servicios que finalmente se van a ejecutar. No negamos que la disposición a oír a la gente es ya un avance, pero esto es algo muy limitado.

a) Lo participativo en la planificación

19. Nosotros proponemos un proceso de una participación más integral donde sea la gente quien realmente discuta y decida cuáles son sus prioridades, elabore, dentro de lo posible, sus propios proyectos y los ejecute cuando esté en condiciones de hacerlo, sin tener que depender para ello de instancias superiores.

20. Sólo si un proyecto sobrepasa, por sus dimensiones o su impacto en un área más extensa, la capacidad de una localidad para ejecutarlo, deberá ser asumido por la instancia superior. Estamos entonces hablando de una iniciativa que busca involucrar plenamente a la ciudadanía en el proceso de planificación y por eso lo llamamos **planificación participativa.**

b) Lo descentralizado en la planificación

21. Ahora bien, para lograr esta plena participación de las ciudadanas y ciudadanos es necesario partir de los planes en las pequeñas localidades donde la participación de la gente común se ve favorecida. Se debe aplicar el principio de que todo lo que se pueda realizar al nivel más bajo debe ser descentralizado a ese nivel, guardando como competencias de los niveles superiores sólo aquellas tareas que no puedan ser realizadas a ese nivel. A este principio le llamamos **principio de subsidiaridad.** Si el Estado central es el que lo decide todo, no hay cabida para iniciativas locales.

22. Hay que precisar que no se trata de una descentralización

anárquica. El ideal es que exista un sistema nacional de planificación participativa que articule los planes comunitarios, los de las áreas territoriales o comunas, y los planes municipales o cantonales, con los planes de otros niveles de gobierno.

23. Por otra parte, estamos pensando en una descentralización impregnada de espíritu solidario, que favorezca a las localidades y los sectores sociales más carentes. Uno de los papeles importantes del Estado central y de los gobiernos locales es realizar una redistribución de los recursos para proteger a los más débiles y ayudarlos a desarrollarse.

24. Esta forma de planificar, aunque reconoce la necesidad de la existencia de un plan central de toda de la nación, es una planificación en la que las instituciones locales juegan un rol fundamental. Éstas no sólo producen insumos para la elaboración del plan central, sino que gozan de autonomía para planificar ellas mismas en su ámbito y ejecutar una parte importante del plan. El plan nacional tiene existencia real en la medida en que logra expresarse en los planes comunitarios, ya que la nación se hace realidad desde los barrios y los caseríos.

25. Se trata, por supuesto, de una autonomía relativa, ya que los lineamientos generales del plan central de la nación deben ser respetados. De lo que se trata es de ajustarlos a las especificidades geográficas, sociales, culturales, económicas de cada espacio geográfico.

26. Para poner énfasis en la descentralización como un aspecto crucial de la planificación que propiciamos hemos denominado a este proceso **planificación participativa descentralizada**.

27. Así como en nuestra incursión inicial en el tema de la planificación participativa influyó el énfasis que puso Chávez en la planificación en el nivel de los consejos comunales, en nuestra actual visión del tema influyó –como mencionamos anteriormente– la experiencia del Estado de Kerala en India, cuyo gobierno ha impulsado una planificación participativa descentralizada por más de una década con mucho éxito.

4) LOGROS Y DEBILIDADES DEL PRESUPUESTO PARTICIPATIVO

28. El lector o lectora de este texto se preguntará por qué estamos hablando aquí de planificación participativa y no de presupuesto participativo, cuando generalmente se oye hablar de este último.

29. No podemos desconocer los aportes del presupuesto participativo, proceso en el que la gente participa en la elaboración de los planes de inversión anual, es decir, en la toma de decisiones acerca de dónde deben invertirse los recursos destinados a obras y servicios de las alcaldías. Este proceso ha sido puesto en práctica en diversas regiones del mundo y ha contribuido a incrementar los niveles de participación de sus habitantes en las políticas públicas, así como ha logrado elevar el nivel de desempeño de los gobiernos municipales y, sobre todo, ha tornado más transparente la gestión municipal favoreciendo a los sectores más desvalidos.[2]

---

2. Ver sobre este tema: Marta Harnecker, *Delegando poder en la gente: presupuesto participativo en Porto Alegre, Brasil*, MEPLA, Cuba, 1999; Monte Ávila, Venezuela, 2004. En formato digital en: http://www. rebelion.org /docs/95167.pdf

30. Ha sido un excelente medio de control sobre la administración y de lucha contra la corrupción y el desvío de recursos, ya que la gente no se limita a priorizar determinadas obras y servicios, sino que además se organiza para dar seguimiento a su ejecución: vigila que los recursos se empleen en las obras y servicios a los que estaban destinados y no se desvíen a otros objetivos; controla que las obras y servicios se ejecuten con la calidad requerida.

31. Ha resultado también un medio idóneo para agilizar la máquina administrativa, hacerla más eficiente y disminuir la burocracia, ya que son muchos los ojos que vigilan el proceso y presionan para que las obras se hagan en el plazo señalado.

32. Con este proceso se ha logrado disminuir la evasión de impuestos. Al ver la eficiencia y la transparencia en la utilización de recursos provenientes de su tributación, las personas empiezan a estar mejor dispuestas a cumplir con las normas tributarias.

33. Y, en momentos de crisis económicas y de reducción del presupuesto, cuando hay que "apretarse el cinturón" porque hay menos recursos que en años anteriores, el presupuesto participativo es especialmente útil y revolucionario, ya que permite poner en manos de las ciudadanas y ciudadanos la decisión de qué debe hacerse con los recursos escasos con que se cuenta. Es muy diferente que el pueblo sufra las restricciones que necesariamente vendrán cuando éstas han sido decididas desde arriba, a que sea el propio pueblo el que, a través del presupuesto participativo, tome esas decisiones.

34. Pero este proceso tiene también sus limitaciones.

35. Por una parte, el hecho de que sólo se trabaje con un plan de inversión anual, limita el horizonte en el que se inserta el accionar del gobierno y, en muchos casos, las obras y servicios priorizadas por la población suelen serlo sin obedecer a plan alguno, lo que puede llevar a un desarrollo anárquico.

36. Por otra parte, como el objetivo del presupuesto participativo es el de determinar las obras y servicios que hay que priorizar de acuerdo a los recursos públicos con que se cuenta cada año, la discusión que se realiza con la población suele darse únicamente en torno a estos temas, en lugar de orientarse a pensar en metas a más largo plazo que permitan avanzar hacia el proyecto de sociedad que queremos construir.

37. La planificación participativa, en cambio, no se limita a discutir las inversiones públicas en las obras y servicios, da un paso más allá; considera actuaciones que afectan a la sociedad como un todo: el desarrollo de industrias cooperativas que ofrezcan empleo a sectores subempleados o marginados, la búsqueda de soluciones autosustentables que aprovechen los recursos naturales y humanos de sus espacios geográficos, la eliminación de intermediarios para los productos agrarios, mecanismos de redistribución de la renta, etcétera. En resumen, con la planificación participativa se busca sentar las bases de una nueva sociedad más justa y más humana.

38. Ahora bien, nuestra propuesta de planificación participativa no supone la desaparición del proceso de presupuesto participativo sino que lo integra y va más allá, como veremos más adelante.

5) LA IMPORTANCIA POLÍTICA DE NUESTRA PROPUESTA

39. De acuerdo a las experiencias que hemos estudiado, la puesta en práctica de un masivo proceso de planificación participativa descentralizada tiene repercusiones políticas muy positivas. Además de las ya señaladas cuando analizamos las bondades del presupuesto participativo, podemos agregar las siguientes:

40. Aunque este proceso parte inicialmente del diagnóstico de los problemas y deficiencias, **orienta a soñar con la comunidad en la que quisiéramos vivir.** Estimula a pensar en iniciativas que no se limitan a lo meramente material. Iniciativas como la de pintar murales infantiles en las esquinas de las calles para embellecer la comunidad no surgirían de un diagnóstico limitado a analizar los problemas.

41. La planificación participativa descentralizada **favorece la inclusión social** al transformar la lógica tradicional de distribución de los recursos públicos. Antes eran los sectores de mayores ingresos los que siempre salían ganando; la planificación participativa, por el contrario, al estimular la participación de los sectores más necesitados, se transforma en una poderosa arma para invertir las prioridades que hasta entonces habían tenido los anteriores gobiernos: los que siempre fueron humillados y desamparados pasan ahora a ser los más atendidos.

42. Como las obras y servicios que se proyectan deben surgir de una planificación colectiva en la que el plan de cada nivel se inserta tanto en el plan de desarrollo nacional, como en los regionales, estadales o provinciales, **las inversiones dejan de ser anárquicas** siguiendo sólo el criterio de una comunidad o del alcalde o el gobernador. Y esto es especialmente importante para los ser-

vicios que funcionan interconectados en red como es el caso del agua y de las redes camineras.

43. Es una herramienta para la lucha contra el clientelismo y el intercambio de favores debido a que la definición de los proyectos a ejecutar es hecha por la propia comunidad. Así se neutraliza en considerable medida el "amiguismo", la influencia de los dirigentes administrativos, concejales[3] o de los llamados "gestores" en la distribución de los recursos.

44. Fortalece el trabajo de las comunidades organizadas ya existentes y promueve la organización de aquellas donde ésta no existe.

45. Es un **medio para medir la consecuencia de los gobernantes** y de los representantes electos con los procesos participativos. Revela si estos están realmente dispuestos a promover la participación y permitir que la gente vaya asumiendo poder.

46. Es **una escuela práctica de educación popular** y fomenta nuevos valores y nuevas relaciones. Como decíamos en la introducción a este libro, quienes participan en el proceso van aprendiendo a indagar las causas de las cosas, a respetar las opiniones de los otros, a entender que los problemas que confrontan no son exclusivamente de su calle y de su barrio, sino que están relacionados con la situación global de la economía, la situación social nacional, inclusive con la situación internacional. Apren-

---

3. Llamamos concejales a los miembros del Concejo Municipal. Ambas palabras se escriben con "c" para diferenciarlas de los Consejos, que son instancias de participación popular, y de los consejeros que son los miembros de estos consejos.

den que los problemas de cada persona y de cada comunidad deben examinarse dentro del contexto de la realidad de otras personas y otras comunidades que quizá tengan una situación mucho más difícil y más urgente que la propia y, con todo eso se van creando nuevas relaciones de solidaridad, de complementariedad, que ponen el acento más en lo colectivo que en lo individual.

47. Quizá uno de los logros más significativo es que **estimula y facilita la participación ciudadana en las tareas de gobierno**, fomentando su iniciativa y creatividad: el que las ciudadanas y ciudadanos conozcan y decidan sobre las cuestiones públicas es una forma concreta de crear espacios de participación y de reforzar la organización popular.

48. Si se realiza correctamente veremos que este proceso nada tiene que ver con la cooptación de las organizaciones populares por el Estado o de su disolución en el Estado. Por el contrario, a través de él se forman otros poderes fuera de las tradicionales instituciones del Estado y, por eso, se trata de una experiencia altamente revolucionaria.

49. Por último, como decíamos en la presentación, esta forma de planificar no sólo es el instrumento ideal para lograr una plena participación de las ciudadanas y ciudadanos en la gestión de los asuntos públicos, sino que, al mismo tiempo, las personas involucradas en dicho proceso crecen humanamente, se dignifican, aumenta su autoestima, amplían sus conocimientos en aspectos políticos, culturales, sociales, económicos, ambientales. Y lo más importante, las personas dejan de sentir que mendigan soluciones del Estado; se sienten, por el contrario, constructoras de su propio destino y del de su sociedad.

50. Con este proceso no sólo se logra elaborar un plan, algo palpable porque está a la vista de todos, sino que también **se logra la transformación de las personas que participan en él.** Quienes intervienen en este proceso se transforman, ya no son las mismas personas que al inicio del mismo. Comienzan pensando en sí mismas, en sus intereses, luego en los de su comunidad, de su área territorial, y terminan pensando en el municipio como un todo. Aprenden también a ser solidarias con los más desvalidos.

Capítulo II

Las experiencias de Venezuela y Kerala

51. Antes de continuar desarrollando el tema de la planificación participativa descentralizada hemos querido detenernos a examinar brevemente lo que más nos ha llamado la atención en las experiencias de Venezuela y Kerala.

1) EL PAPEL DE LAS COMUNIDADES ORGANIZADAS EN VENEZUELA

52. En Venezuela, luego de mucho debate y de examinar las experiencias exitosas de organización comunitaria: los comités de tierra urbanos[4] (unas 200 familias que se organizan para luchar por la regularización de la propiedad de la tierra), y los comités de salud (unas 150 familias que se agrupan con el objetivo de apoyar la experiencia del médico en las comunidades más desvalidas), se llega a concluir que el espacio ideal para lograr una participación plena es la comunidad.

a) El concepto de comunidad

53. ¿Y qué se entiende por comunidad? Comunidad es un con-

---

4. CTU.

junto de familias que vive en un espacio geográfico específico, que se conocen entre sí y pueden relacionarse fácilmente, que pueden reunirse sin depender del transporte y que, por supuesto, comparten una historia común, las mismas tradiciones culturales, usan los mismos servicios públicos y comparten problemas similares, tanto económicos como sociales y urbanísticos.

54. El número de personas que forman parte de una comunidad varía mucho de una realidad a otra. En un área urbana densamente poblada, donde existen urbanizaciones y barrios con decenas de miles de habitantes, se llegó a concluir que el número debía oscilar entre 150 y 400 familias, en cambio en las zonas rurales se habla de comunidad a partir de 20 familias y menos aún en las zonas rurales más alejadas, donde las comunidades conforman pequeños caseríos.[5]

55. Ahora bien, estas comunidades son muy diferentes unas de las otras. Hay algunas con importantes tradiciones organizativas y de lucha y que, por lo tanto, cuentan con varias organizaciones sociales en su territorio. Hay otras que cuentan con una o dos, y otras que quizás no cuentan con esfuerzo organizativo alguno. Entre las organizaciones que podemos encontrar en una comunidad de Venezuela están: el comité de tierra urbana, el comité de protección, el comité de salud o la organización comunitaria de salud, los grupos culturales, el club deportivo, la asociación de vecinos, las misiones educativas, la mesa técnica de agua, la mesa de energía, el círculo bolivariano, los grupos ambientalistas, el comité de alimentación, el club de abuelos y abuelas, la orga-

---

5. Estimando un cálculo aproximativo, cuando Venezuela tenía alrededor de 26 millones de habitantes, podrían existir alrededor de 52 mil comunidades.

nización comunitaria de vivienda, la unidad de defensa popular, el consejo de economía popular. A éstas hay que agregar las cooperativas, las microempresas, etcétera. Suele ocurrir que cada una de estas organizaciones trabaja por su cuenta.

b) Plan único que permita articular todas las iniciativas comunitarias

56. La idea del presidente Chávez fue crear una instancia que permitiese articular todos esos esfuerzos organizativos. A esta instancia la llamó "consejo comunal"[6][7].

57. ¿Y cuál es el mejor instrumento para articular las distintas demandas y los esfuerzos organizativos de una comunidad? Chávez tuvo la genialidad de ver que ese instrumento era la elaboración de un plan único de trabajo destinado a resolver sus problemas más sentidos.

58. Elaborar ese plan único es, por lo tanto, una de las tareas fundamentales del consejo comunal. Para ello se debe partir de un diagnóstico participativo que permita que sean los propios vecinos y vecinas quienes detecten los principales problemas que allí existen.

---

6. El nombre más adecuado debería ser el de "consejo comunitario", dejando la palabra "consejo comunal" para el nivel de la organización territorial inmediatamente superior: la Comuna.
7. Un material pedagógico que explica en qué consiste el consejo comunal, cómo se conforma y qué tareas realiza fue elaborado por por la Subcomisión de Educación de la Comisión Presidencial Nacional del Poder Popular dirigida por Marta Harnecker, y fue publicado bajo el título de *Serie ABC Consejos Comunales*, Comisión Presidencial Nacional del Poder Popular, Caracas, 2006. Se trata de una serie de 11 cuadernitos pedagógicos sobre el tema.

c) Priorizar de acuerdo a lo que la comunidad puede resolver

59. En el momento de priorizar los problemas, nuestra opinión es que debe usarse un método que permita priorizar aquellos que la comunidad pueda resolver con sus propios recursos materiales y humanos. Esta idea metodológica ha sido propuesta por la Organización Mundial de la Salud y fue puesta en práctica con mucho éxito en varias comunidades cubanas en el periodo que siguió al hundimiento del campo socialista, cuando la situación económica del país era crítica y el Estado cubano no contaba con los recursos suficientes para atender —como hasta entonces siempre lo había hecho— las demandas de la gente.[8]

60. Fijarse metas posibles de alcanzar a corto plazo con los recursos propios y con el concurso activo de la mayor cantidad de miembros de la comunidad, permite emprender de inmediato la ejecución de las obras priorizadas; los resultados se ven a corto plazo y con ello aumenta la autoestima de la gente y motiva a participar con más entusiasmo en futuras tareas. Si el diagnóstico no se hace con este criterio suele ocurrir que, en lugar de estimular la participación, haga que la comunidad se quede con los brazos cruzados esperando que una instancia superior le resuelva los problemas detectados.

---

8. Este método se aplicó con éxito en la comunidad rural cubana de Guadalupe, provincia Ciego de Ávila y está desarrollado en forma detallada en el libro de Marta Harnecker, **Buscando el camino** *(método de trabajo comunitario),* publicado en Cuba, MEPLA, 2000. En formato electrónico en: http://www.rebelion.org/docs/95168.pdf . También existe un documental con el mismo nombre acerca de dicha experiencia que se puede encontrar en: http://videosmepla.wordpress.com/documentales-de-participacion-popular/ciclo-video-debate/5-buscando-el-camino/

d) Promover el control social

61. En el caso en que el costo o complejidad de la solución no esté al alcance de la comunidad, el consejo comunal debe establecer una jerarquía de dichos problemas y elaborar ideas-proyectos de aquellos que han resultado priorizados para presentarlos en el proceso de planificación participativa de las otras instancias de gobierno, como veremos en detalle en el segundo tomo de este trabajo.

62. Otra de las funciones del consejo comunal es la de promover el control social en todas las actividades que se desarrollan en la comunidad, sean éstas de orden estatal, comunitario o privado (alimentación, educación, salud, cultura, deportes, infraestructura, cooperativas, misiones, y otras). Debe ser también capaz de gestionar los recursos que le sean otorgados o que reúna por su propia iniciativa constituyendo para esos fines un ente financiero y su propio sistema de contabilidad.

63. Es conveniente que cada consejo comunal cree diferentes áreas de trabajo en relación con las necesidades más sentidas por esa comunidad, por ejemplo: economía popular, desarrollo social integral; vivienda, infraestructura y hábitat; educación y deportes, cultura, comunicación, información y formación (medios alternativos comunitarios y otros), seguridad y defensa (unidad de defensa).[9]

---

9. Proponemos que las tareas de cada área de trabajo deben ser asumidas en forma colectiva por las diversas organizaciones que se identifican con ese determinado tema. El colectivo de desarrollo social integral, por ejemplo, debe reunir en su seno al comité de protección social, al comité de salud, a las mesas de alimentación que existan en la comunidad, y a otras expresiones organizativas que pueden apoyar la lucha por garantizar la salud y calidad de vida a todas las personas, y especialmente a la población en pobreza extrema.

e) Asegurar una elección representativa

64. Una vez definidas las áreas de trabajo, se debe elegir en una asamblea de dicha comunidad a los vecinos y vecinas que, por su liderazgo, conocimiento del área, espíritu de trabajo comunitario, disposición al trabajo en colectivo, honradez, dinamismo, puedan ser las personas más indicadas para representarlos en el consejo comunal. A las personas electas se las denomina voceras y voceros porque son la voz de la comunidad. Por eso, cuando pierden la confianza de sus vecinas y vecinos esas personas deben ser revocadas, ya no pueden ser más la voz de su comunidad. En Venezuela se rechazó el uso del término de representante por las connotaciones negativas que este ha adquirido en el sistema representativo burgués. Los candidatos solo se acercan a la gente en tiempo de elecciones, prometen "todo el oro del mundo" y luego de electos nunca más se les ve.

65. Creo que es importante señalar que en ese país se discutió si convenía que esa directiva comunitaria fuese constituida por la suma de directivas de las organizaciones existentes en cada comunidad o si era mejor que fuese electa por una asamblea de ciudadanos y ciudadanas. Se optó por la segunda opción tomando en cuenta que varias de las directivas ya existentes se habían alejado de las bases que las habían elegido. La elección vía asamblea permite corregir esa situación. Si esos dirigentes cuentan con apoyo popular, seguramente serán electos.

66. Cada uno de los miembros de esa directiva que la comunidad elige pasa a desempeñar diferentes funciones, pero quienes analizan, discuten, deciden y eligen son las personas que habitan en esa área geográfica reunidas en asamblea. **La Asamblea Comunitaria es la máxima autoridad en la comunidad. Es en ella**

donde radica la soberanía y el poder del pueblo. Sus decisiones tienen carácter vinculante para el consejo comunal.

67. Y por eso es tan importante asegurar que su convocatoria sea amplia y que se haga un esfuerzo porque quienes asisten a ella realmente representen los intereses de todos sus habitantes. Se debe evitar que el equipo que convoca haga sólo llamados generales sin darse el trabajo de citar casa por casa; que cite sólo a los amigos, a los conocidos, a los que comparten una visión política, dejando fuera a las personas que no comparten las mismas ideas o no siguen a los mismos liderazgos. La mejor forma de evitar que esto ocurra es que para que haya *quórum* se exija la presencia de al menos una persona de cada rincón de la comunidad. Ninguna decisión importante debería ser tomada si alguno de esos espacios no está representado en esa asamblea. ¿En qué espacios estamos pensando? En la cuadra, la escalera, el callejón, el bloque, el edificio, la manzana...

68. Estos espacios suelen estar constituidos por pequeños grupos de familias que por su cercanía tienen relaciones y vínculos más profundos y podrían denominarse **áreas vecinales**. En consecuencia, una comunidad podría estar conformada por varias áreas vecinales. En algunos lugares se ha considerado que para elegir a la vocera o vocero por área vecinal es conveniente elegir primero una vocera o vocero por familia y que entre ellos se elija a la persona que representará a esa área ante el consejo comunal.

69. La figura del delegado o delegada (vocero o vocera) por área vecinal es muy importante para el buen funcionamiento de las asambleas. De esta manera se logra que se constituyan **asambleas representativas de todo el ámbito del consejo** y de la pluralidad de pensamientos existentes en él.

70. Por otra parte, debe quedar claro que la conformación del consejo comunal no se hace de un día para otro. Requiere de un proceso de maduración de la comunidad. Por ello proponemos que un agente externo promueva la conformación de un Equipo Promotor Interno, electo en asamblea por la comunidad.

71. Este Equipo Promotor Interno tendrá como principal tarea crear las condiciones para que sus habitantes elijan a los miembros del consejo comunal con pleno conocimiento de causa. Deberá elaborar la base de datos de su comunidad visitando a las familias casa por casa. Lo que se busca al asignarles esta tarea es que los posibles futuros miembros del consejo comunal tengan **un nítido trabajo de base**, conozcan a fondo los problemas de su comunidad, hayan probado en la práctica su dedicación a ella y su constancia en el trabajo. Según su desempeño, todos los miembros del equipo promotor o sólo alguno de ellos serán electos voceras o voceros del consejo comunal.

f) Evitar la manipulación política

72. Debemos insistir en que es necesario evitar toda manipulación política o de otra índole en la conformación de los consejos comunales.

73. **No se trata de conformar consejos comunales solo con los partidarios del gobierno.** Estas instituciones comunitarias deben estar abiertas a todos los ciudadanos y ciudadanas, sean del color político que sean. No sería extraño que, luchando por resolver los problemas comunitarios y constatando en la práctica el apoyo que reciben del gobierno, muchas de estas personas engañadas por los medios descubran el verdadero proyecto revolucionario que se intenta desarrollar.

g) Entregar recursos financieros a proyectos pequeños

74. Ahora bien, como el proceso de planificación participativa descentralizada a nivel municipal y de área territorial puede demorar un cierto tiempo en implementarse ya que, entre otras cosas, hay que formar a los diferentes actores y hay que confeccionar las bases de datos sin las cuales es imposible planificar, esta demora puede desanimar a la gente haciéndola pensar que con ese proceso no se llegará a nada, que se trata nuevamente de promesas incumplidas. Por ello nos parece importante rescatar la idea de Chávez de entregar, como gobierno central, recursos financieros a las comunidades para la realización de pequeños proyectos, no en forma populista, sino luego de que éstas se han organizado, han elaborado su plan comunitario y, dentro de él, han priorizado el proyecto susceptible de recibir dichos recursos.

h) Pequeñas obras de gran impacto en Santa Tecla, San Salvador

75. Una iniciativa semejante, pero no a nivel del gobierno central sino municipal, se adoptó en el municipio salvadoreño de Santa Tecla en el 2002[10]. Mientras se preparaba el Plan Estratégico Participativo del municipio, se decidió destinar una parte de los recursos asignados a obras para aquellas que las comunidades demandaran. A éstas se las llamó "pequeñas obras de gran impacto" (POGI). La idea surgió ante la necesidad de mostrar resultados concretos cuando se estaba debatiendo la estrategia de ejecución del plan y las formas de enfrentar cientos de demandas de la ciudadanía.

---

10. Sobre la experiencia de este municipio ver el excelente libro de Alberto Enríquez Villacorta y Marcos Rodríguez, *Santa Tecla. Gestión participativa y transformación del territorio*, Afán Centroamericana, San Salvador, 2009.

76. Como estas obras son de gran interés de la población y han sido seleccionadas a iniciativa de ella, esto hace que la comunidad desde el comienzo esté identificada con ese proyecto, que se involucre en su ejecución y que trate de obtener más fondos sobre la base de los que ya recibe de la alcaldía, sea fondos propios o fondos que consigue de la cooperación internacional. Hay que recordar que el pueblo salvadoreño durante su heroica guerra revolucionaria contó con la simpatía y el apoyo de una enorme cantidad de ONGs internacionales, muchas de las cuales han seguido colaborando hasta hoy.

77. Esta iniciativa rompe con la cultura asistencialista que lo resuelve todo desde arriba y su éxito ha estado en esa combinación de una alta participación comunitaria con una descentralización de fondos. Éstos son administrados por los vecinos y vecinas organizados. El Concejo Municipal de esa época les daba $1.000. Con ellos contrataban, compraban y administraban la obra. Al final, respondían con facturas y liquidaciones, y así quedaban habilitados para realizar otras obras en el futuro.

78. La realización de la obra implica un ciclo que se inicia con la organización de un comité del proyecto elegido en una asamblea vecinal para diseñar los detalles de ese proyecto. Luego viene la solicitud de los fondos a la alcaldía, el acuerdo, aprobación y la erogación. Sigue la contratación y ejecución de la obra, la liquidación del proyecto y se cierra con la evaluación.

79. Mientras se va realizando el proyecto se realizan asambleas de vecinos para ir tomando el pulso de su puesta en ejecución y seguir recaudando fondos si es necesario. Por su parte la alcaldía proporciona un acompañamiento técnico a través de sus geren-

cias de Gestión Territorial, de Infraestructura y de Participación Ciudadana.

80. Un reglamento establece las reglas básicas de juego para los actores que intervienen a lo largo de la ejecución de las obras.

81. Es interesante observar que no existe un sustento legal para esta descentralización de fondos a los ciudadanos, pero eso no detuvo al gobierno de Santa Tecla para llevar esa iniciativa adelante. Su argumento fue: "el Código Municipal no contempla estas acciones, pero tampoco prohíbe hacer dicho traslado". Eso es lo que yo he llamado una iniciativa "a-legal" (no es legal ni ilegal).

82. En el caso de Ecuador, en algunas alcaldías como la de Pedro Carbo, en la región de Guayas, los recintos o comunidades de las parroquias[11] rurales han recibido fondos para pequeños proyectos a través del proceso de presupuesto participativo. En el caso de la parroquia Santa Ana, en el Cantón Cuenca, la Junta Parroquial –durante el mandato de su presidente Julio Álvarez (2009-2014)– decidió entregar entre 3.000 y 7.000 dólares[12] a cada una de las comunidades que la conforman para proyectos comunitarios priorizados por sus habitantes.

i) Si hay escasez de recursos, concursar ideas-proyectos comunitarios

83. Ahora, como pudiese darse el caso de que existan más comunidades que manifiesten su deseo de organizarse para recibir fon-

---

11. Subdivisiones territoriales que provienen de la época de la colonia española.
12. Recibían más dinero las comunidades que estaban más cerca del relleno sanitario, para compensar los inconvenientes que éste causa a sus habitantes.

dos que los recursos disponibles por la Alcaldía, proponemos realizar un concurso y que sean las ideas-proyectos ganadoras las que reciban esos recursos.

84. Algunos han señalado que esta forma de distribuir recursos entre comunidades puede dar lugar a injusticias, pues finalmente los recursos llegarán con más facilidad a las comunidades mejor organizadas y con mayores capacidades para elaborar proyectos antes que a las más necesitadas. Sin negar que esto pueda ser así a corto plazo, a medio y largo plazo el posible efecto negativo de esta forma de otorgar recursos debe quedar compensada por el impulso positivo que ello puede significar para la auto organización de las comunidades. Aquellas no organizadas se sentirán incentivadas a superar dicha condición con el objetivo de poder conseguir recursos para hacer frente a sus carencias más urgentes. Inmediatamente que una de estas comunidades manifieste su deseo de organizarse se le deberá facilitar un apoyo externo para la elaboración de su proyecto (voluntarios, activistas, talleres de formación, etcétera).

j) El aporte venezolano al proceso de planificación participativa

85. El proceso de planificación participativa descentralizada será más pleno en la medida en que se cuente con el mayor número de comunidades organizadas en el territorio municipal. Al hacer éstas su diagnóstico y priorizar sus problemas en asambleas más pequeñas, la participación de los ciudadanos es más plena.

86. La participación de comunidades organizadas en consejos comunales sería el aporte más específico y enriquecedor de la experiencia venezolana al proceso de presupuesto participativo impulsado por los gobiernos encabezados por el Partido de los

Trabajadores en Brasil y a la experiencia de planificación participativa descentralizada en Kerala, India. Aunque en este país surgieron los grupos de vecinos con tareas semejantes, según entendemos, esta forma de organización no forma parte del sistema de planificación participativa en ese país.

87. Si en un municipio o cantón no existe este tipo de organización, el proceso de planificación participativa descentralizada puede ser un gran estímulo y un mecanismo para impulsar la organización de las comunidades. La gente, al vislumbrar que con ese proceso puede mejorar sus condiciones de vida se siente más estimulada a participar. Habría que detectar, entonces, cuáles podrían ser esos espacios geográficos comunitarios y conformar allí equipos de planificación participativa.

2) LA EXPERIENCIA DE PLANIFICACIÓN PARTICIPATIVA DESCENTRALIZADA DE KERALA

88. El presidente Hugo Chávez inicialmente pensó que siendo la comunidad el espacio ideal de participación, los consejos comunales podrían ser las primeras instancias de gobierno, pero luego se dio cuenta de que para transferir competencias municipales debería tratarse de un espacio geográfico más amplio, que él denominó comuna. Por lo tanto, el espacio ideal para la participación de la gente común no parece ser necesariamente el espacio ideal para el autogobierno, si entendemos por autogobierno el "sistema de administración de unidades territoriales que gozan de autonomía para administrarse a sí mismas".

89. Ahora bien, tener esta capacidad de administrarse a sí mismo

no significa desconocer la necesaria interrelación que debe existir entre las diversas instancias de gobierno, pero también hay que aclarar que no todo autogobierno implica participación, puede haber unidades territoriales cuyos gobiernos tengan autonomía administrativa, pero cuya conducción no sea democrática.

90. Nosotros aquí estamos usando el término autogobierno en el sentido de autogobierno del pueblo, es decir, donde el pueblo se gobierne a sí mismo y, en este sentido de la palabra, no hay autogobierno sin plena participación ciudadana y, por lo tanto, se trata de un proceso siempre perfectible.

91. Creo que esta idea se aclara al examinar la experiencia de Kerala.[13]

92. Este estado de la India, densamente poblado, es uno de los pocos estados del país que ha puesto en práctica el artículo 40 de la Constitución de 1950 que establece la necesidad de organizar los "Grama Panchayats" (gobiernos de las aldeas o pueblos rurales) dotándolos de tanto poder como sea necesario para permitirles funcionar como unidades de autogobierno, y a la vez, es uno de los escasos estados que puso en práctica las orientaciones del primer ministro, Rajiv Ratna Gandhi[14], quien sostenía que en lugar de que los planes de desarrollo fuesen diseñados en las capitales por intelectuales alejados de las necesidades de las bases, era necesario hacerlas partícipe de dicho proceso. De esta manera la gente dejaba de ser mera receptora de los beneficios del desarrollo.

---

13. Información extraída del libro de Rosa Pinto Berbel y Tomás R.: Villasante: *Kerala. La democracia en marcha. Los retos de la planificación participativa,* El Viejo Topo, España, 2011, pp. 71-73.
14. Fue primer ministro entre 1984 y 1989.

a) Tres niveles de autogobierno local

93. En 1992 se introducen en la Constitución India las Enmiendas 73 y 74 que dan a los Panchayats un estatuto constitucional y sientan las bases para llevar a cabo el proceso de descentralización a nivel nacional. Estas enmiendas plantean la descentralización de la administración a través de la creación de tres niveles de autogobierno local: el más bajo nivel de autogobierno es el Grama Panchayats, es decir, el gobierno de la aldea o pueblo (lo que para nosotros son las áreas territoriales o para Venezuela las comunas); le sigue el nivel de los Block Panchayats, que para nosotros son el equivalente de los municipios o cantones, y por último, estarían los District Panchayats o gobiernos de provincias o de estados federados.

94. En 1994, el gobierno de Kerala aprueba la Ley del Panchayat Raj que va a significar una base legal sólida para el sistema de gobierno local y va a unificar la transferencia de instituciones y personal a los autogobiernos locales siguiendo el principio de subsidiaridad. Los Grama Panchayats serán en consecuencia los que deberán asumir muchas de las funciones que antes se desempeñaban en los niveles superiores.

95. En 1996 el Partido Comunista de India-Marxista[15] encabeza una coalición de fuerzas progresistas que gana la mayoría en las elecciones de la Asamblea del Estado y ese año lanza "La Campaña del Pueblo" para la planificación descentralizada. Esta campaña significó un cambio fundamental en el papel que irían a desempeñar los diferentes niveles de gobierno local y regional.

---

15. Communist Party of India – Marxist (CPI-M).

b) Descentralización de importantes recursos financieros

96. El punto de partida de la Campaña del Pueblo fue una Asamblea de Ciudadanas y Ciudadanos en las comunidades. Durante toda una tarde allí se expresaban las necesidades más sentidas de sus habitantes. Para estimular una significativa participación de la gente en el proceso la Comisión de Planificación del Estado decidió destinar el 35 al 40% del dinero para el plan de desarrollo a los gobiernos locales. De esta cantidad, el gobierno local de la aldea[16] (el nivel más bajo de la estructura descentralizada): el Grama Panchayat, debía recibir alrededor del 70%; el nivel que le sigue: el Block Panchayat (municipio rural) el 15%; y el District Panchayat (Estado o Provincia) el otro 15%.[17] Como se puede ver había una clara decisión de descentralizar la mayor parte de los recursos hacia los gobiernos locales más cercanos al ciudadano común.

97. Con ello, las personas que participaban pudieron ver que realmente eran ellas las que estaban tomando decisiones acerca de qué inversiones iban a hacer en sus comunidades y no que se limitaban a aprobar decisiones ya tomadas desde arriba.

98. Las etapas siguientes de la Campaña implicaban asambleas adicionales, la elección de delegadas y delegados a varias reuniones especializadas, el reclutamiento del personal técnico voluntario entre los jubilados, la priorización de los proyectos por los consejos rurales o urbanos electos, y el control social y procedimientos de evaluación.

---

16. Que para nosotros sería como el área territorial.
17. Rosa Pinto/ Tomás Villasante, p. 127.

99. Los aparatos administrativos de los gobiernos de los niveles superiores fueron preparados para insertar los proyectos locales en los planes regionales. Se lanzó un programa de educación masiva y de intercambio de experiencias para los activistas en todos niveles. Fue una iniciativa muy ambiciosa que exigió la movilización de energías y recursos de toda la sociedad.

100. Como parte del experimento de Kerala los ministros y la Junta de Planificación del Estado organizaron un estudio de las características y los requisitos esenciales del proceso de planificación participativa. Atrajeron al Dr. Satya Brata Sen, un académico que había tenido un papel destacado en el proceso de descentralización llevado a cabo en el estado indio de Bengala Occidental. El comité conformado por el Dr. Sen fue oficialmente nombrado: Comité para la Descentralización de Poderes, pero popularmente se le conoce como el Comité Sen.

c) Principios por los que se rige el proceso de planificación participativa en Kerala.

101. Este Comité llegó a formular los siguientes componentes esenciales del proceso de planificación participativa descentralizada en su informe al gabinete del Estado:

- **Autonomía**
Cada nivel de gobierno local debe ser autónomo desde el punto de vista funcional, financiero y administrativo. La institución del auto-gobierno local debe funcionar de manera libre e independiente. La supervisión del gobierno central se limitará a marcar las directrices generales.
- **Subsidiaridad**
Todo lo que pueda ser hecho a niveles inferiores, debe hacerse

en estos niveles y no en los superiores. Solo las funciones residuales y complementarias, deben ser llevadas a cabo en los niveles más altos.

- **Claridad de funciones**

Los diferentes niveles de descentralización han de conocer con exactitud qué funciones tienen que desempeñar, para evitar que haya solapamiento y actuaciones cruzadas con otros niveles de gobierno.

- **Complementariedad**

Las funciones han de complementarse a través de procesos horizontales y verticales de integración.

- **Uniformidad**

Las normas y criterios para la selección de favorecidos y la priorización de actividades deben ser igual para todos los programas implementados.

- **Participación popular**

Es necesario fomentar el máximo nivel de participación popular posible en todos los niveles y en todas las fases del proceso.

- **Auditoría o control social**

Debe existir un constante control social sobre los representantes electos por las bases.

- **Transparencia**

La gente debe tener el derecho a estar informada sobre cada detalle del proceso.

d) El nivel más bajo de autogobierno

102. Después de mucha reflexión e investigación se determinó que la unidad geográfica y demográfica para el autogobierno más ligada a la gente debía ser el pueblo o aldea rural llamada "Grama" y por eso el gobierno rural se llama Grama Panchayat (go-

bierno del pueblo o aldea). Junto a los tres niveles de autogobierno en las zonas más rurales, existen en las grandes ciudades los municipios urbanos y las corporaciones municipales. Más adelante señalaremos cómo se transfieren a estos tres niveles tanto competencias como recursos financieros, de equipamiento y de personal.

e) Reuniones en espacios más pequeños

103. Una vez definido el nivel más bajo de autogobierno, muy pronto los responsables del proceso de planificación participativa se dieron cuenta de que, en un territorio tan densamente poblado como el de Kerala, citar a una asamblea a los habitantes de un pueblo implicaba tener que realizar asambleas de más de 1.000 personas. Como esto no facilitaba la participación protagónica de la gente, decidieron hacer las asambleas populares (grama sabhas) no en la dimensión de la aldea como tal, sino en las circunscripciones electorales en las que ésta estaba dividida (los wards o barrios).

104. Las reuniones en los wards incluían plenarias con la presencia de todos los participantes y grupos de trabajo más pequeños sobre distintos temas, con el propósito de que las personas pudiesen participar más eficazmente. Pero aún así, estos espacios resultaron demasiado grandes y para algunas tareas se constituyeron los **grupos vecinales** (40 a 50 familias) que comenzaron a llevar a cabo muchas funciones del grama sabha como, por ejemplo, la discusión del plan local, la revisión de la implementación del plan y la selección de las personas o entidades que debían recibir los recursos. "Muchos grupos vecinales se vieron envueltos en aclarar disputas familiares, en programas educacionales para los niños, programas de salud, entidades culturales, y organiza-

ciones de crédito rotativo. [...] Los representantes de los comités de vecinos a menudo constituyen un comité de barrio (ward) y actúan como un comité ejecutivo del grama sabha.[18]"

---

[18]. Thomas Isaac/ Richard Franke, op. cit., p.185. Se puede encontrar un desarrollo más amplio del papel de estos grupos de vecinos en el libro: ***Una democracia por el pueblo. La desconocida experiencia de Kerala***, de M.P. Parameswaran, ***Democracy by the People, The Elusive Kerala Experience***, Alternatives Asia, India, 2008, Cap.V: Democracia de los vecinos, pp. 121-144. Es impresionante ver las semejanzas entre los planteamientos del presidente Chávez respecto a los consejos comunales y este intelectual indio.

Capítulo III

Condiciones sin las cuales no puede haber planificación participativa descentralizada

105. De lo expuesto anteriormente llegamos a la conclusión de que para asegurar la plena participación de la gente en el proceso de planificación deben cumplirse las siguientes condiciones:

- Conformación de espacios geográficos adecuados.
- Descentralización de competencias.
- Descentralización de recursos tanto materiales como humanos.
- Sensibilización de la población y de los principales actores.
- Capacitación de los actores.
- Generación de una buena base de datos.

106. La existencia de políticas públicas como las existentes en Kerala, ha sido clave para crear estas condiciones.

1) CONFORMACIÓN DE ESPACIOS GEOGRÁFICOS ADECUADOS

107. Un primer paso que debe dar un gobierno municipal si desea llevar adelante un proceso de planificación participativa descentralizada es establecer los espacios o áreas geográficas en que éste proceso debe ser realizado.

108. Este suele ser uno de los problemas más serios que enfrentan

los gobernantes que abogan por una democracia cada vez más participativa y protagónica.

109. En muchos casos existen subdivisiones territoriales que provienen de la época de la colonia española, como las parroquias, que en la actualidad no responden a ningún criterio racional. Hay municipios con gran cantidad de habitantes, barrios inmensos, más grandes que muchos municipios, mientras que hay otros demasiado pequeños. Estas distorsiones repercuten negativamente en una justa, equitativa y eficiente distribución territorial de los recursos y dificulta la capacidad de participación de la población. De ahí la necesidad de ir avanzando hacia una nueva división político-administrativa del territorio nacional.

110. En los municipios rurales estas subdivisiones suelen ajustarse más a las posibilidades de participación de la gente. En los municipios urbanos densamente poblados, por el contrario, las actuales subdivisiones muchas veces tendrán que subdividirse a su vez.

111. De hecho, en muchos lugares la gente naturalmente ha ido estableciendo subdivisiones usando criterios como la demarcación de barrios, urbanizaciones, zonas y sub-zonas administrativas, parroquias, caseríos, distritos electorales, u otras expresiones de subdivisión del municipio.

112. Habrá que analizar cada caso a partir de la experiencia y de las opiniones que tengan sus habitantes. No sólo habrá espacios que será necesario subdividir, sino que también existirán otros que habrá que reunir en un solo espacio, y habrá también algunos casos donde será necesario sobrepasar los límites ya establecidos en la subdivisión político administrativa del país. Así ocurrió,

por ejemplo, en algunos municipios venezolanos como en el municipio Torres en el estado Lara, donde, en el año 2007, el alcalde Julio Chávez promovió la conformación de subdivisiones del municipio que denominó "áreas comunales", y algunas de ellas reunieron consejos comunales de dos parroquias colindantes.[19] Algo parecido sucedió en el municipio Libertador, estado Carabobo, dónde Argenis Loreto, alcalde electo en el 2000, y su equipo, impulsaron una subdivisión del municipio en lo que denominaron "territorios sociales" (agrupación de varias comunidades). En este caso hasta se traspasó el límite entre un municipio y otro.[20]

113. De acuerdo a las experiencias que hemos estudiado, parecería ser que lo mejor para realizar el proceso de planificación participativa descentralizada es contar con subdivisiones geográficas de los municipios que sean o puedan ser transformadas en espacios de autogobierno, es decir, en espacios en los se puedan asumir muchas de las funciones antes en manos de instancias superiores y que, a la vez, tengan las condiciones adecuadas para generar ingresos propios que les permitan operar en la forma más autónoma posible. Esta autonomía será siempre relativa ya que

---

19. Ver: Marta Harnecker, *Transfiriendo poder a la gente. municipio Torres, Estado Lara Venezuela*, Colección Haciendo camino al andar No2, Centro Internacional Miranda- Editorial Monte Ávila, Caracas 2008, párrafos 165, 166 y 199.212. En formato digital en: http://www.rebelion.org/docs/97082.pdf . Esta alcaldía es conocida por su interesantísima experiencia de constituyente municipal, una experiencia piloto en el país, excepcionalidad legal.
20. Marta Harnecker, *Gobiernos comunitarios, Municipio Libertador, Estado Carabobo, Venezuela*, Colección: Haciendo camino al andar, No1, Monte Ávila, Venezuela, 2006, CapítuloII: Buscando el espacio adecuado, párrafos 18 al 37. En formato digital en: http://www.rebelion.org/docs/97077.pdf

siempre deberá mantenerse una necesaria articulación con los restantes espacios de gobierno.

114. Lo ideal es que el gobierno municipal elabore una propuesta de división geográfica de su territorio que tenga presente los siguientes criterios objetivos:

- tradiciones histórico-culturales comunes;
- problemas y aspiraciones compartidas;
- uso de los mismos servicios, como escuelas, liceos, aldeas universitarias, centro de atención médica, instalaciones deportivas, centros culturales, mercados, cines, y otros;
- condiciones de autosustentabilidad;
- barreras físicas y demarcaciones naturales como cuencas de ríos, montañas, etcétera.[21]

115. Luego de haber examinado los espacios de autogobierno en Kerala podemos diseñar varios niveles de planificación, que variarán de un país a otro según la forma en que esté organizado su sistema político:

- nación
- regiones
- estados federados o provincias (districts)
- municipios o cantones (blocks)
- áreas territoriales, parroquias, comunas, aldeas o pueblos rurales (grama)
- comunidades, recintos (wards=distritos electorales)

---

21. Estos criterios fueron incorporados para la definición del territorio que debían abarcar las comunas en Venezuela. Ver: Marta Harnecker, **De los consejos comunales a las comunas. Construyendo el socialismo del XXI** Cuarta parte: Hacia una definición de la comuna y tareas actuales. Publicado en 2009 sólo en formato electrónico: http://www.rebelion.org/docs/97085.pdf

116. Para los objetivos de este trabajo definiremos los tres niveles más cercanos al pueblo de la siguiente manera:

a) **Las comunidades** son espacios geográficos y demográficos relativamente pequeños (150 a 400 familias en las zonas urbanas, más de 20 familias en las zonas rurales, y menos aún en las zonas más alejadas) en el que todos se conocen y es relativamente fácil reunir a la mayoría de sus habitantes para discutir los problemas.

b) **Las áreas territoriales** (comunas, parroquias o aldeas –según el nombre que se use en cada país) son áreas geográficas más extensas que incluyen varias comunidades con características socio-económicas y problemática similares allí, deberían constituirse los primeros niveles de autogobierno, los más ligados a la gente. Estos gobiernos locales son la primera división político-administrativa de un país. A ellos se deben transferir las adecuadas competencias y recursos para que puedan operar como pequeños gobiernos locales, como se ha hecho concretamente en Kerala.

c) **Los municipios o cantones** (bloques en Kerala) reunirían a varias áreas territoriales y serían el siguiente escalón de esta planificación participativa descentralizada.

117. Es posible que en los pequeños municipios rurales no haga falta el escalón intermedio, territorial, y éstos se puedan subdividir directamente en comunidades. Pero en las grandes y medianas ciudades resulta obvio que es necesario contar con esos espacios de nivel intermedio para asegurar la descentralización y la participación.

118. Sería muy útil poder contar con una tipología de los municipios existentes en un país. Por ejemplo: rurales, semiurbanos, urbanos con pequeña densidad de población, urbanos medios, grandes ciudades. Las formas de organización y el proceso de pla-

nificación participativa descentralizada deberían adaptarse a las condiciones de cada lugar.

119. Probablemente, en la mayor parte de los municipios de América Latina el primer paso que debería dar el gobierno municipal para llevar adelante el proceso de planificación participativa es establecer una subdivisión territorial en los términos señalados anteriormente. Esta demarcación de los espacios geográficos sólo será necesaria al iniciar la experiencia de planificación participativa descentralizada municipal. En los años siguientes, la subdivisión territorial ya estará establecida, lo que no excluye la conveniencia de revisarla periódicamente para determinar si resulta preciso realizar alguna modificación a la luz de la experiencia.

120. Como la subdivisión del municipio es un paso previo a la puesta en marcha del proceso de planificación participativa propiamente tal, deberá ser asumida por el propio gobierno municipal con el apoyo de sus técnicos, pero deberá ser ratificada por las respectivas asambleas de los distintos niveles en que tiene lugar el proceso.

2) DESCENTRALIZACIÓN DE COMPETENCIAS

121. En el caso de que no existan políticas nacionales de transferencia de competencias del municipio a sus subdivisiones territoriales (parroquias, comunas, aldeas rurales, etcétera), otro paso que debe dar el gobierno municipal, y que es aún más complejo que el anterior, es el de descentralizar competencias hacia las áreas geográficas en que se ha subdividido el territorio muni-

cipal[22] aplicando el principio de subsidiariedad al que nos hemos referido anteriormente.

122. Esto implica transferir a los niveles inferiores todas las competencias que estos puedan asumir, conservando para los niveles superiores sólo las restantes. Por ejemplo, transferir al nivel inferior competencias en: la administración de recursos, la recaudación de impuestos, el registro civil, la administración de determinadas empresas del Estado, la planificación urbana, la vigilancia y la seguridad, el asfaltado de las calles, la atención a los hogares de ancianos y la administración de los comedores populares que puedan existir en esas subdivisiones territoriales, y, en general, el mantenimiento de la infraestructura de centros de salud, educación, cultura, deportes (Ver Anexo I: Diagrama de los niveles de planificación y competencias de cada nivel).

123. Esta descentralización de competencias es muy importante pues creará el marco adecuado para determinar el tipo y la cantidad de recursos a transferir a cada nivel de gobierno local.

124. Una correcta definición de las competencias es un paso fundamental para evitar el solapamiento de actividades entre los distintos niveles de descentralización y para evitar muchos otros problemas como destinar un apoyo técnico excesivo a un nivel y un apoyo insuficiente a otro. Antes de transferir una competencia es necesario realizar un estudio muy serio, ya que sólo tiene sentido transferir una competencia a un nivel inferior si éste cuenta con la condiciones para asumirla con éxito.

---

22. Ver sobre transferencia de competencias, Marta Harnecker, ***Gobiernos comunitarios…***, op. cit., acápites 7 y 8, párrafos 156 al 219.

125. Hay que cuidar que esta transferencia sea bien planificada y acordada con los niveles a los cuales se transfieren dichas competencias. Hay que evitar que los niveles de gobierno superiores pretendan desembarazarse de todo aquello que les sea problemático (por ejemplo, el manejo de las basuras) y conservar para ellos lo que más les pueda interesar.

126. No es posible fijar criterios rígidos para esta descentralización. Es necesario tener en cuenta cada realidad. Por ejemplo, mientras resulta razonable la gestión centralizada de servicios como el saneamiento y limpieza de calles en una ciudad, por la economía de escala y las posibilidades de mecanización que allí podrían aplicarse; en zonas rurales, con comunidades pequeñas y relativamente aisladas, resulta obvio que una gestión descentralizada no sólo es posible sino que aseguraría mejores resultados.

127. Otro ejemplo es el de la política de construcción de viviendas. Parecería ser que ésta debiera ser una función estatal o municipal, pero muchas veces resulta más efectivo dar a las comunidades la posibilidad de de que sean ellas las que gestionen la construcción de nuevas viviendas para sustituir o remodelar las viviendas en malas condiciones. Sin duda que para realizar esta actividad deberán recibir apoyo técnico del Estado o del municipio, especialmente respecto a asuntos geológicos y estructurales, pero son las comunidades las que mejor conocen las necesidades y prioridades y, quienes –para hacer rendir más los recursos– pueden organizar mejor el trabajo voluntario. Hay que tener en cuenta, además, la confianza en sí mismas que genera el hecho de sentirse capaces de afrontar con su propio esfuerzo sus problemas inmediatos.

128. Por último, otro ejemplo que clarifica mucho es el tema del

manejo de las aguas en un determinado territorio. Este manejo es muy diferente en las zonas rurales y en las zonas urbanas. Mientras que en las primeras son las comunidades más pequeñas las que mejor pueden controlar su manejo y ponerse de acuerdo para distribuir el agua existente, en las zonas urbanas, donde existe un sistema de tuberías que conduce el agua a través de la ciudad, no tiene ningún sentido que un barrio tenga el control de este recurso natural.

129. En cualquier caso, el principio esencial que habría que aplicar para realizar la descentralización es, como ya hemos dicho, que todo lo que se pueda gestionar a nivel inferior debe gestionarse a ese nivel y para ello es necesario suministrarle los recursos correspondientes y capacitar a las comunidades en lo referente a la gestión eficiente de dichos recursos.

3) DESCENTRALIZACIÓN DE RECURSOS

130. Por lo tanto, la otra premisa fundamental de la planificación participativa descentralizada es la descentralización de recursos.

131. Si los recursos son escasos y solo se descentraliza una parte muy pequeña de ellos, las áreas territoriales y comunidades carecerán de capacidad para actuar.

132. Y aquí tenemos que considerar tanto lo que se refiere a recursos materiales (financieros, equipamiento), como lo que se refiere a recursos humanos (personal). Sólo así se producirá una verdadera descentralización.

a) Recursos financieros

133. En caso de que las normas vigentes no contemplen la posibilidad de descentralización de recursos financieros, el gobierno municipal podría tomar la iniciativa de hacerlo.

134. Existe la experiencia del municipio Torres, donde el gobierno municipal transfirió los recursos para obras con que contaba la alcaldía a las 17 parroquias para que estas pudiesen decidir y ejecutar las obras que ellas priorizaran[23]. Y para transferirlos usó fundamentalmente como criterios: la extensión del territorio (gran parte de él es de carácter rural), el número de habitantes, la densidad de población y un índice de compensación interterritorial que usa Venezuela para entregar mayores recursos a las zonas más deprimidas.[24]

135. Desde nuestro punto de vista, para determinar el monto a transferir a cada espacio territorial debemos seguir el ejemplo de Torres. Es muy importante utilizar criterios que ayuden a una repartición más equitativa de los recursos disponibles utilizando criterios que favorezcan en el reparto a las áreas territoriales más pobres y desatendidas hasta ese momento por el Estado. De esta manera, se podrá ir disminuyendo paulatinamente las diferencias socioeconómicas entre ellas (Ver una propuesta de los criterios a usar y la metodología a emplear en Anexo II).

---

23. Marta Harnecker, *Transfiriendo poder a la gente. Municipio Torres,* Acápite: El proceso de presupuesto participativo, op. cit., párrafos 105-128.
24. Se usaron los mismos criterios que fija la nación para entregar el presupuesto, o que fija el Fondo Intergubernamental para la Descentralización (FIDES) y la Ley de Asignaciones Económicas Especiales (LAEE). Además se fijaron unos apartados para cada parroquia, entre ellos uno que se llamaba fondo de emergencia y otro destinado a la ciencia y tecnología y para la dotación de las escuelas.

b) Recursos en equipamiento y personal

136. Pero no se trata sólo de transferir recursos financieros, es también necesario transferir personal técnico y administrativo, relocalizándolo, es decir, sacándolo del aparato central y reubicándolo en las localidades. Y, por supuesto, hay que dotar a éstas de la infraestructura correspondiente para que este personal pueda desarrollar su actividad (locales y otros implementos logísticos como: carros, computadoras, material de oficina, telecomunicaciones, etcétera).

137. Dentro del personal a transferir deben figurar las personas que deberán conformar los equipos técnicos de planificación en cada área territorial.

138. En el caso de Kerala, el nivel más bajo de autogobierno, el Grama Panchayat, no sólo cuenta con representantes electos y revocables por la población, que son quienes que ejercen el gobierno, sino que también cuenta con funcionarios que antes operaban en el aparato central del Estado y que hoy –gracias al proceso de descentralización– operan en el nivel de la aldea, en áreas como salud, educación, saneamiento, producción, etcétera. Y para que todo este personal opere y sea capaz de atender a la población, estos gobiernos cuentan con edificios adecuados y con toda la logística necesaria.

139. En Venezuela, aunque se ha avanzado mucho en la organización y participación popular, especialmente en los consejos comunales y las comunas –el nivel más bajo de autogobierno–, y en cierta transferencia de fondos, salvo escasas excepciones[25] se

---

25. Como los casos de los municipios Torres en el Estado Lara y Libertador en el estado Carabobo.

ha avanzado muy poco en la transferencia de competencias y recursos humanos. Y todavía las comunas están muy lejos de contar con los requerimientos de personal y de condiciones físicas para operar.[26]

4) SENSIBILIZACIÓN DE LA POBLACIÓN EN GENERAL Y DE LOS PRINCIPALES ACTORES

140. Otra condición fundamental para el éxito del proceso de planificación participativa es lograr motivar a la población en general y a quienes deberán asumir mayores responsabilidades en el proceso en cada nivel de tal forma que se involucren activamente en él.

141. Es necesario explicar a la población de diversas maneras por qué su participación activa será muy beneficiosa para su familia y para su comunidad.

142. Se debe procurar poner anuncios e informaciones atractivas en la prensa escrita, radial y televisiva. Los medios de comunicación alternativos pueden jugar un significativo papel en esta tarea. También puede ser muy útil la utilización de afiches, exposiciones, convocatorias a nivel local de los partidos y organizaciones de masas; eventos en las escuelas; actividades culturales (conciertos, teatro de calle); reuniones con mujeres que suelen ser las mejores activistas, etcétera. Pero, sin duda, lo más conveniente es la

---

26. Aquí es bueno señalar que aunque existe la Ley de Transferencia de Competencia, Servicios y Otras Atribuciones al Poder Popular, ésta ha tenido una aplicación muy limitada.

visita casa por casa, apoyada por una pequeña cartilla donde se encuentren elaboradas pedagógicamente las principales explicaciones y se anuncien las principales actividades.

143. Pero, junto a este llamado a la población en general, se debe poner especial énfasis en la sensibilización de los principales actores del proceso, es decir, de aquellas personas que deben asumir mayores responsabilidades.

144. Ellas deben entender y compartir la importancia de la participación de las ciudadanas y ciudadanos en la elaboración de los planes de desarrollo para que éstos respondan a sus aspiraciones de una sociedad mejor para ellos y para las futuras generaciones.

145. Se debe cuidar especialmente que la transferencia de recursos humanos no sea sólo un acto formal, es necesario hacer un esfuerzo de sensibilización para lograr la colaboración plena del personal transferido en el nuevo contexto.

146. Estos actores deben conocer a cabalidad los diversos pasos que deben dar para la elaboración de este plan y cuál deberá ser su participación en cada uno de ellos.

147. Es conveniente que un Equipo Territorial de Promoción Social elabore un directorio de las personas que forman parte de los diferentes colectivos sociales que existen en esa área territorial; de los funcionarios de todos los entes estatales de los distintos niveles y de las instituciones y personas que pueden prestar apoyo al proceso de planificación participativa descentralizada. Lo mismo debe hacer el grupo de activistas en su comunidad.

5) CAPACITACIÓN DE LOS ACTORES

148. De lo dicho anteriormente se deduce que es también fundamental capacitar tanto al personal técnico, como a los representantes electos por la población y a la propia población, dotándolos de los instrumentos que les permitan desempeñarse eficientemente en el proceso de planificación participativa descentralizada.

149. Compartimos la opinión de Rafael Enciso de que "transferir competencias sin crear las capacidades mínimas necesarias puede convertirse en algo donde el remedio resulte peor que la enfermedad".

150. Uno de los puntos más fuertes del proceso de planificación participativa descentralizada en Kerala fue justamente el gran énfasis que se hizo en preparar a los diversos actores: comunitarios, técnicos, representantes, voluntariado. Se crearon programas de formación de varios niveles con sus respectivos manuales, campamentos de formación, concentraciones y, más tarde, seminarios donde los asistentes podían intercambiar sus experiencias. Existe un instituto de administración local donde dos veces al año los miembros electos de diferentes partes del estado acuden a esta institución para sesiones formativas de varios días. Un sólo dato nos muestra el énfasis puesto en la formación de estos cuadros: sólo en un año (2004-2005) se desarrollaron 249 programas con la asistencia de 29.000 participantes. También se ha dado mucha importancia a lo que se ha llamado "formación de formadores, es decir, a aquellas personas que van a formar a los vecinos y vecinas en sus propias comunidades[27], y a la formación en la propia acción.

---

27. "En el primer año de la campaña, 373 formadores a nivel estatal enseña-

6) GENERACIÓN DE UNA BUENA BASE DE DATOS

151. Otra premisa fundamental para la planificación participativa descentralizada es la necesidad de generar una correcta base de datos que permita planificar a partir del mayor conocimiento posible de la realidad local, uno de cuyos elementos fundamentales es el mapa de actores sociales. Muchas veces a nivel central existen muchos datos, pero esos datos no están organizados y disponibles de manera que puedan ser utilizados para la planificación participativa descentralizada en la localidad y, como es lógico, esos datos nunca se refieren a los actores sociales (Ver en Anexo III una exposición detallada de los datos que estimamos deberían volcarse en esa base de datos).

---

ron a 10.497 personas a nivel zonal, las que, a su vez, impartieron talleres de un día a más de 100.000 activistas locales, quienes se convirtieron en la columna vertebral de la etapa inicial de la Campaña. En 1998 41.950 educadores zonales recibieron formación especializada de 545 educadores del nivel nacional, a su vez, los primeros impartieron talleres a 93.000 asistentes. En 1999-2000 hubo más formación masiva, incluyendo una serie de talleres de tres días para las activistas femeninas y las representantes elegidas." (Richard W. Franke, Marta Harnecker y otros, *Estado Kerala, India: una experiencia de planificación participativa descentralizada,* CIM, Caracas, 2009, publicado solo en forma digital.

Capítulo IV

Áreas territoriales, el eslabón clave de la planificación participativa municipal

152. Aunque la situación ideal es que desde el Estado se decida la descentralización de un porcentaje importante de los recursos nacionales destinados al desarrollo del país, no cabe duda que la mayor parte de los países están muy lejos de contar con una situación de este tipo. Sin embargo, consideramos que esto no debe ser impedimento para que las autoridades locales que así lo deseen emprendan procesos de planificación participativa descentralizada en sus propios ámbitos, contribuyendo con ello a formar, a través de esas prácticas, a ciudadanas y ciudadanos más preparados para ser protagonistas de la nueva sociedad que queremos construir.

153. Desde esta parte del texto en adelante supondremos que estamos trabajando en un país donde existe un Plan Nacional de Desarrollo y una voluntad política para llevar adelante un verdadero proceso de descentralización que cumpla con el principio de hacer todo lo que se pueda al nivel más bajo posible y con la máxima participación de la gente.

1) PLAN DE DESARROLLO MUNICIPAL

154. En este sentido, todo gobierno municipal debería elaborar

un Plan de Desarrollo que abarque las diferentes áreas de la vida social del municipio y que tenga como meta el pleno desarrollo (económico, social, y espiritual) de las personas que en él habitan. Un plan que dignifique a quienes allí habitan y promueva un desarrollo armónico y sustentable que permita que la población logre el Vivir Bien o la Vida en Plenitud.

155. Este plan debe ser el instrumento orientador de las acciones que allí se deben emprender para alcanzar la meta deseada y se debe ir revisando y actualizando en la medida que vayan ocurriendo los hechos.

2) PLAN DE DESARROLLO DEL MUNICIPIO, PRESUPUESTO Y PLAN DE INVERSIÓN ANUAL

156. Debemos tener presente que para lograr un determinado desarrollo local o municipal se requiere de un lapso que va más allá de un año. Y muchas veces, puede requerir más de un periodo de mandato. Parece conveniente pensar en un plan que al menos coincida con el período de gobierno del alcalde y sus concejales, sin embargo puede haber proyectos que, para poder ser plenamente materializados, necesitan más de uno o de dos períodos de gobierno.

157. Ese plan a más largo plazo debe irse concretando cada año en un Plan de Inversión Anual, ya que los gobiernos locales reciben recursos anualmente. Y por ello es importante la elaboración del Presupuesto Anual que debe considerar los ingresos con que se financiarán tanto los egresos para cubrir los gastos de personal y funcionamiento de la alcaldía durante el año entrante, como lo que se va a destinar para el Plan de Inversión Anual.

3) PLAN DEL MUNICIPIO DENTRO DEL SISTEMA NACIONAL DE PLANIFICACIÓN

158. Al elaborar su Plan de Desarrollo, el municipio debe tomar en cuenta tanto los planes estadales, regionales y nacionales de desarrollo[28] como los planes de desarrollo elaborados en las instancias inferiores (comunidades, áreas territoriales), pero a su vez el plan municipal debe nutrir los planes estadales o provinciales, regional y el plan nacional.

159. Si se parte de los planes elaborados por las comunidades —como es nuestra propuesta— y se sigue con los planes de los espacios geográficos en los que está o será subdividido el municipio, y así sucesivamente, se establecería un Sistema Nacional de Planificación que iría "de arriba hacia abajo" y de "de abajo hacia arriba", en una relación mutuamente complementaria, donde la opinión de la gente iría teniendo cada vez más peso en la medida en que ésta se vaya empapando cada vez más de los objetivos estratégicos que se persiguen.

160. Y la idea entonces es que el plan municipal se base en los planes de las áreas territoriales y éstos, a su vez, tomen en cuenta las propuestas formuladas por las comunidades. El plan municipal sólo debería agregar las obras macro que por su carácter no están incluidas en los planes territoriales.

---

28. En Venezuela esto está contemplado en la Ley Orgánica de Planificación Pública, Artículo 55.

4) LA PLANIFICACIÓN PARTICIPATIVA EN LAS ÁREAS TERRITORIALES: EL ESLABÓN CLAVE

161. Aquí queremos hacer una aclaración: así como pensamos que es fundamental determinar cuál es la dimensión territorial más adecuada para instalar el primer nivel de un autogobierno del pueblo, una vez determinada esa área geográfica, pensamos que es allí donde se debe ejecutar la mayor cantidad de acciones del proceso de planificación participativa descentralizada municipal.

162. Eso quiere decir que en las áreas territoriales, no sólo se deben discutir las acciones que tienen que ver con esa área tomando en cuenta las propuestas formuladas por las comunidades, sino que, además, el Consejo Territorial de Planificación Participativa debería discutir y pronunciarse sobre las prioridades temáticas y las obras macro que la Alcaldía se propone realizar en dicho municipio, por ejemplo, un hospital o una universidad, o la creación de un plan maestro de industrialización o desarrollo agrícola y agroindustrial para generar fuentes de trabajo e ingresos justos para la población y para producir al máximo posible, a partir de las capacidades y potencialidades locales. Resumiendo, el municipio debe proponer las obras que son de competencia de esa dimensión-municipal, pero éstas deben ser discutidas y aprobadas tanto en el nivel del área territorial como en el comunitario. Es decir, la gente participa en el proceso municipal de planificación fundamentalmente a través de las asambleas en sus respectivas áreas territoriales y comunidades.

163. Es necesario advertir, sin embargo, que durante el año en que se inicie la experiencia de planificación participativa en el municipio, habrá elementos del plan municipal (distribución te-

rritorial, determinación de los recursos disponibles, etcétera) que necesariamente tendrán que ser elaborados desde arriba por la propia Alcaldía, aunque luego sean sometidos al debate ciudadano. En caso de que hubiese un rechazo significativo a dichas propuestas, las asambleas de las comunidades y las áreas territoriales deberían elaborar propuestas alternativas para ser presentadas a la Asamblea Municipal de la Planificación Participativa.

Capítulo V

Bases constitucionales y legales para la planificación participativa

164. Es importante que en cada país se conozcan las bases constitucionales y legales que pueden favorecer o legitimar el proceso de planificación participativa.

165. En el caso de Venezuela, existe una amplia base legal para el proceso de planificación participativa tanto en la Constitución como en una serie de Leyes como la Ley Orgánica de Planificación Pública y Popular, la Ley Orgánica del Poder Popular, la Ley Orgánica del Consejo Federal de Gobierno y su reglamento, la Ley Orgánica de los Consejos Locales de Planificación Pública, la Ley Orgánica de los Consejos Comunales, Ley Orgánica de las Comunas, Ley Orgánica del Poder Público Municipal, entre otras.

166. Lo mismo ocurre en Ecuador. Allí encontramos orientaciones tanto en la Constitución de la República como en el Plan Nacional del Buen Vivir, y el Código Orgánico de Ordenamiento Territorial, Autonomías y Descentralización, el Código Orgánico de Planificación y Finanzas Públicas y la Ley Orgánica de Participación Ciudadana.

167. Sin embargo, esta no es la situación de la mayor parte de

países y aun en aquellos en que hay bastantes adelantos en este sentido, es posible que en el tema de la descentralización no se haya avanzado suficientemente. De ahí que en muchos casos tal vez haya que adelantarse a lo normado, sin caer por ello en la ilegalidad.

168. El ideal sería que los municipios que quieran incursionar en nuestra propuesta de planificación participativa descentralizada pudiesen contar con una excepcionalidad legal otorgada por el Estado de tal modo que no se vean trabados por la legislación vigente y tengan plena libertad para experimentar en esta nueva forma de construir con la gente una nueva sociedad.

Segunda Parte
Instancias y actores

Capítulo I

Consideraciones generales

169. Para poner en práctica el proceso de planificación participativa descentralizada en un municipio como lo hemos expuesto en la primera parte de este libro se requiere contar con una serie de instancias que se responsabilicen de ponerlo en práctica en los distintos niveles y con la participación de una serie de actores. En este capítulo abordaremos estos aspectos organizativos del proceso de planificación y caracterizaremos a esos distintos actores.

170. Pero, antes de hacerlo, quisiéramos destacar algunos aspectos acerca de cómo concebimos que debe funcionar en general el sistema de planificación participativa. Éste debe combinar la democracia directa con la democracia delegada, y la realización no sólo de asambleas con base territorial sino también de foros temáticos y de servicios. Al mismo tiempo, debe procurar contar con un sólido voluntariado de profesionales y técnicos y debe realizar talleres de formación a todos los niveles. Por último debe contar también tanto con instancias de coordinación general como con instancias en cada nivel en que se desarrollará el proceso de planificación participativa.

1) COMBINACIÓN DE DEMOCRACIA DIRECTA Y DEMOCRACIA DELEGADA

171. Decíamos que el sistema debe combinar dos formas de de-

mocracia: la **democracia directa** donde toda la gente que asiste a la asamblea discute y decide qué hacer, y la **democracia delegada,** donde son sólo las y los representantes, delegados o voceros quienes están facultados para tomar las decisiones. La primera se da en el nivel de las comunidades y la segunda, en el nivel de las áreas territoriales y del municipio.

a) La democracia directa y sus límites

172. La democracia directa es una forma de democracia[1], sin duda la más rica y protagónica, pero tiene límites. Para que todos puedan participar plenamente, la dimensión del grupo no puede ser excesivamente extensa. No podemos pensar en democracia directa en un municipio con 200 mil habitantes y, mucho menos, en las grandes capitales donde habitan millones de personas.

173. Hay que crear un sistema que permita la participación de las ciudadanas y ciudadanos en todos los niveles en que se da el proceso de planificación participativa y no sólo en los más pequeños. Para ello, en los espacios más amplios debe establecerse una forma de delegación que no reproduzca las limitaciones y deformaciones a las que da origen la representación política burguesa.

174. Negar la posibilidad de delegar es negar la posibilidad de

---

1. La democracia directa [...] es una forma de democracia en la cual el poder es ejercido directamente por el pueblo en una asamblea. [...] La democracia directa contrasta con la democracia representativa, pues en esta última, el poder lo ejerce un pequeño grupo de representantes, generalmente elegidos por el pueblo. (Wikipedia). Existen formas limitadas de democracia directa como la iniciativa popular, el referéndum (plebiscito), y la revocatoria. Se habla también más recientemente de democracia directa electrónica cuando se usa Internet y otras tecnologías de comunicación electrónica para consultar y permitir votar a las ciudadanas y ciudadanos.

que la ciudadanía participe en la toma de decisiones sobre temas que trascienden a su realidad local más cercana (comunidad, centro de trabajo o de estudio).

175. El correcto cuestionamiento a la democracia representativa burguesa —y la cuestionamos no por ser representativa sino por ser insuficientemente representativa— no debe llevarnos, por lo tanto, a rechazar todo tipo de representatividad.

176. Las y los representantes, delegados o voceros no reciben un mandato libre por un cierto tiempo como los representantes burgueses, sino que deben guiarse por las decisiones y orientaciones de sus electores. Éstos deben evaluar su desempeño de acuerdo a las tareas que les han sido asignadas.

177. Debemos aclarar, sin embargo, que esto no significa que su mandato sea imperativo. No son autómatas que reciben mensajes y simplemente los transmiten, son personas responsables y creativas que, al encontrarse con la realidad de otras comunidades, deben poder modificar el mandato recibido.

178. En el sistema que proponemos existen dos tipos de delegación: las personas que conforman lo que llamaremos Consejo de Planificación Participativa en las tres instancias y las personas que forman parte de las respectivas Asambleas de Planificación Participativa.

b) Asambleas de democracia delegada y asambleas de democracia directa

179. Resumiendo, el proceso de planificación participativa que proponemos combina asambleas que usan el sistema de delegación o democracia delegada y asambleas en las que participan di-

rectamente los ciudadanos y ciudadanas en un determinado espacio geográfico o asambleas de democracia directa. El sistema de asambleas de democracia delegada se aplica a nivel del municipio y del área territorial. Las asambleas de democracia directa se realizan a nivel de la comunidad.

180. En las Asambleas de Planificación Participativa que usan el sistema de delegación no todos los asistentes tienen derecho a voz y voto. Sólo tienen este derecho las personas que han sido electas en sus respectivas asambleas de base. Sin embargo, recomendamos que estas reuniones no se realicen a puertas cerradas, sino que a ellas puedan asistir sin limitación alguna todas las ciudadanas y ciudadanos interesados, pero que lo hagan sólo como observadores y contralores sociales del proceso.

c) La democracia se fortalece con el sistema de delegación

181. Hay quienes dicen que realizar el proceso de planificación participativa descentralizada a través de representantes o delegados burocratizaría el proceso y lo volvería un proceso representativo burgués más. Según ellos es más democrático un sistema basado en asambleas abiertas a todas y todos y en la que todas las personas que asisten puedan votar. Pero cabe preguntarse: ¿Será más democrática una asamblea que reúne a 200, 500, 1.000 personas en un territorio urbano que tiene más de 600 mil habitantes? ¿Han pensado ustedes quiénes son los que asisten a una asamblea de ese tipo? ¿No serán los que tienen un vehículo, los que viven cerca del metro, los que pueden llegar caminando, los que trabajan en alguna institución del Estado que les permite ausentarse? ¿Cuántas personas dejan de asistir, no por no estar interesadas sino porque deben atender sus hogares, porque viven muy lejos y no tienen medios de transporte, porque tienen que

trabajar en sus pequeños negocios para sobrevivir?

182. Y luego, en esa gran asamblea, ¿quiénes son los que hablan, los que proponen cosas? ¿No suele ocurrir que sean los líderes de siempre? ¿No son aquellos que están buscando protagonismo? ¿Dónde queda la opinión de la gente humilde que sólo se expresa en pequeños grupos, que tiene miedo a hablar en grandes asambleas?

183. Por todas estas consideraciones nosotros pensamos que el sistema de delegación no debilita sino que cualifica el proceso de planificación participativa debido a que las y los delegados son personas que llegan a las reuniones preparadas y empapadas de la problemática de sus respectivas comunidades.

d) Cómo evitar que los y las delegadas se separen de sus bases

184. Entendemos la preocupación de quienes advierten el peligro de que las personas que han sido electas puedan dejar de ser "la voz de sus comunidades" y empiecen a actuar por su cuenta y propongan su propio listado de aspiraciones. Pensamos que no hay mejor medida contra esa posible desviación que la rendición de cuentas de las delegadas y delegados ante las comunidades que los eligieron y la transparencia de todo el proceso: por ejemplo, que el listado de obras y servicios priorizados por la comunidad se ponga en lugares públicos y que la asamblea de delegados (voceras y voceros) sea abierta a todos los ciudadanos y ciudadanas que deseen asistir. En el caso de que sea posible también es muy útil hacer públicas las informaciones respectivas vía Internet.

185. En algunas experiencias asamblearias recientes, como la de los estudiantes chilenos, para asegurar que las y los delegados cumplan el mandato de la asamblea, se inventó la figura del "vee-

dor", una especie de comisario político de la asamblea: su tarea es vigilar que los dirigentes electos para representarla no se alejen de lo acordado en ella.

186. Por otra parte, las asambleas abiertas pueden ser manipuladas por partidos políticos o grupos económicos. Éstos pueden usar su poder económico y capacidad de movilización para acarrear gente y lograr así aprobar sus propuestas. Las mafias suelen realizar acciones planificadas para defender sus intereses, no hay que ser ingenuos frente a esta realidad.

187. Y, por supuesto, es muy importante que los electores o electoras seleccionen correctamente a quienes serán sus futuros delegados o delegadas. Y sobre ello nuevamente la experiencia venezolana nos da luces. Ella nos ha hecho ver cuán importante es que la elección de las y los voceros se prepare con seriedad y que la gente haya conocido a sus candidatas o candidatos a través de su comportamiento y no sólo de discursos.

188. ¿Y cómo pueden darse a conocer estas personas? Experiencias prácticas exitosas de algunos consejos comunales nos dicen, por ejemplo, que ha sido muy positivo que antes de elegir a sus miembros, quienes se autoproponen como candidatos colaboren en la elaboración de la base de datos de su comunidad visitando a las familias casa por casa, porque a así se ven obligados a tomar contacto con cada familia de la comunidad. También ha sido muy útil el que hayan elaborado con la gente una breve historia de esa comunidad, lo que les permite conocer mejor la realidad a la cual van a servir.

189. No basta entonces que los candidatos sean capaces de pronunciar bellos discursos para ser electos, es importante que los

habitantes de su comunidad hayan podido constatar su verdadera vocación de servicio. Así se evita elegir a quienes buscan estos cargos como trampolín para una carrera política personal. Más adelante nos referiremos a quiénes deben conformar estas asambleas en los distintos niveles del proceso de planificación y cuáles son sus tareas.

e) La participación ciudadana en las comunidades: un sistema de democracia directa

190. La participación en el proceso de planificación participativa comunitario debe estar abierta a todas las personas interesadas, sin que importe el color político, el origen étnico, la orientación sexual, etcétera. Ellas pueden y deben asistir y expresar sus opiniones y recomendaciones en las asambleas de ciudadanas y ciudadanos de su comunidad. Y dentro de lo posible, cada habitante de la comunidad debe participar activamente apoyando de diferentes maneras el proceso: asistiendo a alguno de los grupos de trabajo que se conformen durante el proceso de planificación participativa, dándole seguimiento a las obras, colaborando en la convocatoria a las reuniones, entre otras.

191. Las ciudadanas y ciudadanos deben ser llamados a colaborar en: la confección de la base de datos de su comunidad, el diagnóstico de los problemas, la sugerencia de iniciativas de solución, la definición de las prioridades temáticas y sugerencia de ideas-proyectos para materializar sus aspiraciones de una vida mejor, la elaboración de proyectos poco complejos, la evaluación y control del plan comunitario, y también aportando trabajo voluntario para la ejecución de algunos proyectos comunitarios.

192. Por otra parte, toda persona que así lo desee puede asistir,

además, si así lo estima conveniente, a las asambleas de su respectiva área territorial y a la propia Asamblea Municipal de la Planificación Participativa.

193. Como ya hemos dicho[2], para que una asamblea comunitaria sea realmente representativa de toda la comunidad deberían estar presentes en ella personas de todos los pequeños espacios que forman parte de ella, aún los más alejados.

2) FOROS PÚBLICOS

a) Foros temáticos

194. Hasta ahora cuando hemos hablado de las asambleas, nos hemos referido a la base geográfica del proceso de planificación participativa. Suele ocurrir que son los sectores populares que tienen más carencias los que se sienten más motivados a asistir a estas asambleas.

---

2. Ver párrafos 74 al 81. Quien desee conocer nuestra propuesta metodológica para llevar adelante el proceso de planificación participativa en la comunidad puede encontrarla en el libro de Marta Harnecker (con colaboración de Noel López) publicado en formato electrónico en: http://www.rebelion.org/docs/97084.pdf. Este texto trata pone el acento en pensar no sólo en los problemas, sino las aspiraciones que la gente tiene, en cómo debe ser la comunidad en que desearían vivir. Uno de sus aportes es insistir en jerarquizar aquellas aspiraciones que la comunidad puede resolver con sus propios recursos de modo de empezar de inmediato a trabajar en materializarlas, sin tener que esperar la intervención de alguna instancia superior, lo que ayuda a vencer la desmovilización y la apatía provocada por la inoperancia del Estado. Sobre este tema existe además un audiovisual pedagógico de acceso libre en:http://www.youtube.com/user/ciclopolitico?feature=mhsn#p/ c/8b7 ddfcb12ebe8ca/0/hc2sdr4for8

195. Para enriquecer el proceso de planificación participativa con informaciones y reflexiones acerca de los temas que más preocupan a la ciudadanía en general o a un sector de ella, proponemos que el Consejo Municipal o Territorial de Planificación Participativa organice también foros abiertos sobre dichos temas. Incluso podrían plantearse foros temáticos en el ámbito de una comunidad para tratar de resolver una situación particularmente compleja en ella. Foros de este tipo suelen atraer a sectores que no se sienten atraídos a asistir a reuniones con base territorial (sindicalistas, estudiantes, profesionales, técnicos, movimientos culturales, ecológicos, pequeños empresarios, comerciantes y agricultores).

196. Sabemos, por ejemplo: que en Venezuela en varios territorios de la Sierra de Falcón hay gran escasez de agua y que existe un proyecto de acueducto sobre el cual hay posiciones encontradas. Este podría ser, entonces, el tema de un foro temático al que debería invitarse, además de a los habitantes interesados en este tema, a técnicos y profesionales expertos en la materia, tanto locales como de nivel nacional, y hasta de nivel internacional, si se considerara conveniente. Alba, Mercosur, Celac se verían reforzadas como entidades internacionales si se les diese la oportunidad de participar en estas funciones de apoyo e intercambio.[3]

197. Si un municipio tiene problemas graves relacionados con el tema de la salud y varias comunidades plantean como tema la necesidad de mejorar el sistema general de salud del territorio, debería realizarse un foro temático para abordar globalmente esa problemática. A este foro deberían ser invitados en forma especial profesionales y técnicos de la salud, y delegados y delegadas de

---

3. Ximena de la Barra, Notas a este trabajo, 28 julio 2014.

las organizaciones del sector salud para que aporten sus ideas y sugerencias en la elaboración de programas al respecto.

198. Por otra parte, pensamos que en varios países de América Latina sería muy conveniente realizar un foro temático nacional o, al menos foros regionales sobre el tema minero y el manejo de los recursos naturales en los territorios en donde los pueblos y nacionalidades indígenas, comunidades campesinas y afro-descendientes, sufren los efectos de este tipo de explotación de la naturaleza. Un foro en que se dialogue sobre las ventajas y desventajas de mantener una actividad extractiva y cómo podrían generarse condiciones para cambiar la matriz productiva.

199. Habría que pensar también en algún Foro Temático que pudiese convocar especialmente a la juventud.

200. Aunque proponemos que estos foros no tengan un carácter decisorio como ocurre con las Plenarias Temáticas en Porto Alegre, Brasil, consideramos que sus conclusiones deberían nutrir los debates de los respectivos consejos de planificación participativa, municipal o territorial según sea el caso, los que se verían enormemente beneficiados con las reflexiones y sugerencias que emanen de ellos. Recomendamos realizar estos foros simultáneamente al proceso de planificación participativa que deben llevar adelante las comunidades organizadas, primer paso del proceso, de tal forma que sus resultados estén disponibles para el momento en que se realice el taller de planificación participativa descentralizada en el área territorial o el municipio.[4]

---

4. En el segundo tomo de este libro ofreceremos una metodología para estos talleres.

201. Si estos foros se planifican bien y se invita a las autoridades centrales, serían el espacio ideal para sensibilizarlas en torno a las temáticas abordadas. De esta manera estarán más dispuestas a aportar recursos y capacidades institucionales para iniciativas que contribuyan a su solución.

202. Por otra parte, podrían ser una gran escuela de formación tanto para los concejales como para todas las personas que quieran participar en forma más activa en el proceso de planificación participativa.

b) Foros de servicios

203. Otra idea interesante que tomamos de la experiencia de Porto Alegre son los Foros de servicios destinados a discutir la situación de algún servicio municipal que no cumpla con los requerimientos exigidos por la gente. La idea es convocar tanto a los ciudadanos y ciudadanas que quieran participar como a los funcionarios del respectivo servicio. De alguna manera, esa iniciativa crea espacios para controlar el desempeño del aparato burocrático heredado y evita que las asambleas de planificación participativa giren en torno a las críticas al aparato estatal en lugar de centrarse en las propuestas de solución a los problemas existentes.

3) VOLUNTARIADO DE PROFESIONALES Y TÉCNICOS

204. Por otra parte, como una masiva participación popular en el proceso de planificación tiene por resultado natural el surgimiento de una infinidad de proyectos que requieren de apoyo técnico y, como es muy probable que el personal con la formación requerida que existe en el municipio y en otras instituciones del Estado no dé abasto para cumplir esta tarea, es conveniente

recurrir a profesionales y técnicos que en forma voluntaria, es decir, no remunerada, estén dispuestos a apoyar a las comunidades con sus conocimientos, tanto en la elaboración de proyectos, como para darle seguimiento a los mismos.

205. Se podría llegar a acuerdos con las universidades para que jóvenes estudiantes universitarios hagan su práctica realizando estas tareas.

206. Este voluntariado deberá trabajar junto con los actores comunitarios, los equipos técnicos de la Alcaldía y de otras instituciones del Estado, para constituir –como dice Tomás Villasante- verdaderos "grupos motores"[5] de la participación a todos los niveles. Del trabajo mancomunado de estos diferentes actores dependerá el éxito de la planificación participativa descentralizada.

207. Se podría realizar una convocatoria pública para conquistar a este personal voluntario poniendo especial énfasis en los jubilados. Si se tiene en cuenta que hoy las personas se jubilan cuando aún están en plena capacidad para aportar a la sociedad, ésta puede ser una excelente vía para que ellas se sientan útiles y mantengan en alto su autoestima.

208. Creo que vale la pena dar a conocer aquí la convocatoria dirigida a los jubilados que se hizo en Kerala en marzo de 1997 y a la que respondieron positivamente 10.000 personas:

> *Si usted es una persona jubilada, éste puede ser el comienzo de una nueva vida. La Comisión de Planificación del Estado lo*

---

5. Ver desarrollo de este concepto en: Tomás Villasante, ***Redes de vida desbordantes. Fundamento para el cambio de la vida cotidiana,*** Catarata, 2014, pp. 186-193.

invita a dar asesoría técnica a los planes locales que la gente ha preparado. Podemos juntarnos para crear un futuro mejor. Al mismo tiempo podrá encontrar un nuevo sentido para su vida.

209. Ese voluntariado trabajaba ad-honorem dos o tres días a la semana. No se les pagaba pero se les aseguraba la alimentación y el transporte.

210. Fue gracias a esta masiva respuesta que se pudo conformar en Kerala un inédito cuerpo de voluntariado técnico, hecho que contribuyó a la orientación no partidista del proceso.

4) TALLERES DE FORMACIÓN

211. Es fundamental, también, que el Equipo de Planificación Participativa del municipio planifique la ejecución de talleres de formación para los diferentes actores y a los diferentes niveles:

- En el nivel técnico para homogeneizar la visión y metodología a emplear por los equipos técnicos y los profesionales y técnicos voluntarios que actuarán como facilitadores de los procesos de planificación en los distintos niveles: comunitario, territorial y municipal.
- En el nivel de los Consejos de Planificación para preparar a los consejeros y consejeras en los conocimientos socio-políticos y técnicos necesarios para poder cumplir sus funciones.
- En el nivel de los delegados y delegadas para informarse de la marcha del proceso, para recibir cursos sobre conceptos básicos para entenderlo, para intercambiar experiencias de su trabajo en sus respectivas áreas geográficas, etcétera.

212. Estos talleres se deben iniciar antes de que dichas personas asuman sus respectivas responsabilidades. Y en ellos debe informarse claramente de las competencias que tiene cada uno de los

niveles en los que se realiza el proceso de planificación participativa descentralizada.

213. Igualmente se podría hacer un diplomado, maestría o cursos de postgrado sobre planificación participativa territorial en una o varias universidades con presencia en el municipio. Esto podría permitir a los participantes recibir una acreditación académica sobre la formación recibida y adquirida en el proceso de elaboración del plan de desarrollo municipal, lo que podría ser un incentivo moral para participar en dicho proceso. Esta acreditación podría ser incorporada al *curriculum vitae* con fines laborales.

214. Uno de los mayores éxitos de la experiencia planificación participativa descentralizada en Kerala –como hemos mencionado anteriormente– se debió justamente a haber impulsado campañas masivas de formación destinadas a romper las barreras entre "los que saben" (técnicos, funcionarios, políticos) y "los que no saben".

5) INSTANCIAS DE COORDINACIÓN Y ASESORÍA

a) *Pequeño equipo de coordinación gubernamental*

215. En primer lugar es necesario contar con un pequeño equipo gubernamental integrado por los responsables municipales del proceso de planificación participativa y, dentro de lo posible, por representantes de las instancias superiores (estadales y provinciales tales como ministerios, agencias gubernamentales, etcétera) relacionadas con el proceso. Sería conveniente incorporar también a los responsables de los equipos técnicos de Planificación y Presu-

puesto y de Promoción Social (o su equivalente) de la Alcaldía.[6]

216. Este equipo debe ser quien ponga en marcha el proceso, coordinando las diferentes reuniones y acciones que se deben realizar en el nivel municipal. Debe también articular a los diversos actores en los distintos niveles, evitando el solapamiento de actividades y funciones.

217. Su papel es fundamental en las etapas iniciales del proceso, ya que luego la mayor parte de éste transcurre a nivel de las áreas territoriales que tienen sus propios equipos de coordinación. Una vez institucionalizado el proceso, el equipo gubernamental debe desaparecer.

218. Son tareas de este equipo tanto la habilitación del marco legal como la conformación y capacitación de los equipos técnicos.

219. Todo proceso de planificación participativa requiere de un marco legal. En el caso de que exista un Plan Nacional de Desarrollo, ese plan establecería las habilitaciones legales necesarias para la descentralización de las competencias y la transferencia de recursos a las áreas territoriales y comunidades. En caso de que éste no exista, el primer paso que habría que dar, previo al inicio del proceso de planificación participativa propiamente tal, sería dotarse de ese marco legal, como lo hizo el municipio Torres en el Estado Lara de Venezuela, ya mencionado anteriormente, en su inédito proceso constituyente.[7]

---

6. Ver párrafos 233 al 245 de este libro.
7. Marta Harnecker, *Transfiriendo poder a la gente...* op. cit., Primera parte, Capítulo II, un inédito proceso constituyente municipal, párrafos 23 al 77.

220. Por lo tanto, en su primera reunión, el Equipo de Coordinación Gubernamental debe estudiar con detalle las posibles trabas legales existentes para realizar un verdadero proceso de planificación participativa descentralizada y los posibles mecanismos para dejarlas sin aplicación en ese municipio. Entre ellos no habría que descartar la posible presión al gobierno nacional y al parlamento para lograr este objetivo, con el apoyo de todas las instancias institucionales y de participación ciudadana para actuar coordinadamente en este sentido.

221. Otro de los pasos que debe realizar de inmediato el Equipo Coordinador Gubernamental es la conformación y capacitación de los equipos técnicos que requiere el proceso en los distintos niveles.

b) Comité asesor de notables

222. Y como pensamos que el proceso de planificación participativa no debe tener color político, que todas y todas las y los ciudadanos deben ser convocados a participar aportando sus criterios y colaborando en las diversas etapas y tareas que este proceso involucra, nos parece importante crear una instancia que dé garantía a todos los sectores sociales y políticos.

223. En este sentido, consideramos interesante la iniciativa que tiene el gobierno de Kerala en 1996 cuando decide lanzar la Campaña de la planificación participativa descentralizada a nivel de todo ese Estado, lo cual asegura el más alto consenso en torno a la Campaña. También se invita a personeros de la oposición a los seminarios, talleres de formación, y se conforman comités de control de la corrupción con personas que puedan dar garantías a la oposición.

224. Creemos que una iniciativa como ésta debería reproducirse a nivel municipal para que dé seguimiento al proceso y haga las sugerencias que estime convenientes.

Capítulo II

Instancias y actores institucionales a nivel local

225. Luego de haber expuesto estos elementos generales pasemos ahora a analizar concretamente las instancias y actores que participan en el proceso a nivel local en los tres niveles en que se desarrolla el proceso de planificación participativa: municipal, área territorial y comunidad.

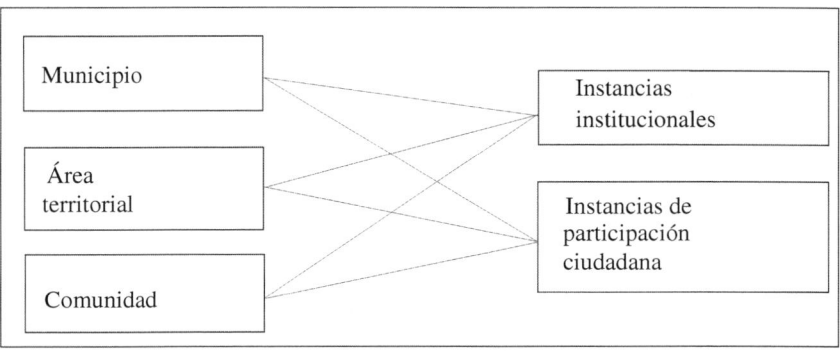

226. Podemos agrupar estas instancias en dos grandes rubros: instancias institucionales o técnicas e instancias de participación popular.

227. El proceso de planificación participativa que pone el acento en la participación popular requiere, para que dé plenamente sus frutos, de la intervención de un personal técnico.

228. Las características de este personal y de las instancias en las que este trabaja deberán adaptarse a los requerimientos del proceso en cada nivel: municipal, territorial y comunitario.

229. En el municipio, el nivel superior, su participación será más destacada debido a la complejidad de los desafíos que allí deben asumirse. En el área territorial su participación será más reducida y en la comunidad será aún mucho menor.

230. Estos equipos tendrán que asesorar a los Consejos de Planificación Participativa en sus respectivos niveles (municipio, área territorial, comunidad) en el diseño y puesta en práctica de las estrategias a ser utilizadas en la elaboración, ejecución y control de los planes de desarrollo a esos niveles. Y, en el caso del Equipo Municipal de Planificación Participativa, este tendrá que asesorar también al alcalde, a los directores y presidentes de los entes descentralizados de la Alcaldía.

231. Por lo tanto, este personal técnico deberá tener el perfil necesario para apoyar política, teórica y metodológicamente el proceso de planificación participativa descentralizada. Deben, además, asumir, directamente, la conducción metodológica de las actividades que se requieran para ello, tanto a nivel del municipio como en los territorios y las comunidades.

232. Es recomendable que los integrantes de estos equipos sean mantenidos en sus cargos durante todo el proceso, ya que de no darse continuidad a su trabajo eso puede entorpecer el desarrollo del mismo.

233. Distinguiremos dos tipos de equipos técnicos: el de Planificación y Presupuesto y el de Promoción Social. Además, debe existir un equipo de coordinadores en cada nivel. A ellos debemos

agregar, en el caso del municipio, las Secretarías y Departamentos de la Alcaldía. Y a nivel comunitario, la Unidad de Gestión Financiera que cubre, en parte, las tareas de planificación y presupuesto.

INSTANCIAS INSTITUCIONALES		SU EQUIVALENTE EN LA COMUNIDAD
MUNICIPIO	ÁREA TERRITORIAL	COMUNIDAD
Equipo Municipal de Planificación y Presupuesto	Equipo Territorial de Planificación y Presupuesto	Unidad de Gestión Financiera
Equipo Municipal de Promoción Social	Equipo Territorial de Promoción Social	Equipo Comunitario de Promoción Social
Equipo de Coordinadores Territoriales	Equipo de Coordinadores Comunitarios	
Secretarías y Departamentos de la Alcaldía		

234. Usaremos unos cuadros para indicar lo que debe hacer cada una de estas instancias. Eso nos permitirá evitar repeticiones. En el caso de las instancias técnicas, empezaremos por las tareas de las instancias municipales que son las más complejas, señalando aquellas que se repiten en el nivel del área territorial y en el de la comunidad. Y en el caso de las instancias de participación ciudadana empezaremos a la inversa, ya que el plan de los niveles superiores debe tomar en cuenta los planes elaborados en los niveles inferiores.

1) EQUIPOS DE PLANIFICACIÓN Y PRESUPUESTO

235. El Equipo Municipal de Planificación y Presupuesto, en coordinación con la Alcaldía, debe preparar las condiciones de carácter técnico necesarias para la puesta en marcha del proceso de planificación participativa en el municipio. Y para ello debe llevar adelante las tareas que señalamos en el cuadro siguiente:

TAREAS PREPARATORIAS

1. Elaborar el cronograma de trabajo

Con la colaboración del Equipo de Promoción Social Municipal. En este cronograma es indispensable que se identifiquen las actividades asociadas a cada etapa del proceso de la planificación participativa incluyendo los pasos previos, tanto en las áreas territoriales como en las comunidades.

Así mismo, se deben identificar las actividades que debe desarrollar el Consejo Municipal de Planificación Participativa, donde en definitiva se elabora y aprueba en primera instancia el plan de desarrollo, el Presupuesto y Plan de Inversión Anual del municipio que será ratificado y aprobado por las instancias que establezca la ley.

El calendario debe adecuarse tanto a las exigencias técnicas que requiere el proceso como a los plazos previstos en la ley correspondiente.

Y no sólo se deberán definir las actividades a realizar, sino también deberá señalar a los responsables de su ejecución, los recursos materiales necesarios[8] y la estimación del tiempo que llevará el proceso de formulación del plan.

Con la elaboración del mismo se pretende organizar y sistematizar el proceso de trabajo, garantizar la coordinación de las actividades que deberán llevar a cabo dichos equipos, y garantizar que los recursos necesarios estén disponibles en el momento en que sean necesarios.

---

8. Hemos señalado lo de los insumos materiales dentro del cronograma porque hay infinidad de experiencias que se truncan esperando insumos que nunca llegan.

2. **Elaborar**[9] **las propuestas de:**
- **Subdivisión del municipio en áreas territoriales.**
  Lo mismo debe realizar el Equipo de Planificación y Presupuesto de cada área territorial proponiendo la subdivisión de su área en comunidades en caso de que esta subdivisión no exista.
- **Competencias a transferir a las áreas territoriales y a las comunidades.**
- **Recursos logísticos y personal a transferir.**
- **Recursos financieros a descentralizar y en qué proporción para cada área territorial, y aquellos que se reservarán para su gestión municipal.**
  Para ello se debe partir de una estimación de los ingresos y egresos presupuestarios del municipio y de los criterios que se usarán para el reparto entre las diferentes áreas territoriales.
  En el caso en que se decida entregar una cierta cantidad de recursos directamente a las comunidades, deberá fijarse el monto y el criterio para otorgarlos.

3. **Establecer un calendario claro de los ingresos previstos**
   (flujo de caja) teniendo en cuenta que éstos no serán siempre iguales.

4. **Elaborar el reglamento provisional del proceso de planificación participativa.**
Entendemos por reglamento el conjunto de normas internas por las que se va a regir el proceso de planificación participativa en las instancias locales.
Este reglamento debe ser enriquecido y precisado en la medida en que avanza el proceso y deberá abordar los siguientes temas:
- Instancias y actores en el proceso de planificación participativa descentralizada municipal.
- Criterios para la distribución de los recursos.

---

9. En el caso de que no exista una Ley de descentralización.

- División del espacio geográfico municipal.
- Base de datos del espacio geográfico municipal.
- Normas para elegir y revocar a las delegadas y delegados y sus atribuciones.
- Normas para elegir y revocar a los consejeros y consejeras y sus atribuciones.
- Normas que regulan la discusión y el debate.
- Cronograma del proceso de planificación participativa municipal.
- Metodología para la elaboración y aprobación del Plan de Desarrollo, el Presupuesto y
- Plan de Inversión Anual Municipal.

5) Preparar la documentación soporte necesaria

para el desarrollo ordenado de todo el proceso de planificación: planillas, cuadros a rellenar, modelos de actas, etcétera, que puede ser en papel, pero que sería conveniente complementar con programas informáticos para procesar la información y agilizar su tratamiento y distribución. Para ello sería conveniente constituir dentro del Equipo Municipal de Planificación y Presupuesto, un equipo dedicado expresamente a proporcionar soporte informático y de telecomunicaciones al proceso. Este material soporte debería estar listo para el momento en que se comiencen a elaborar las bases de datos en los distintos espacios geográficos. De esta manera se facilita una recogida uniforme de la información y su tratamiento informático.

236. Una vez ejecutados estos pasos previos, el Equipo Municipal de Planificación y Presupuesto deberá asumir sus tareas habituales a nivel municipal.

237. En el nivel del área territorial estas tareas serán asumidas por el Equipo Territorial de Planificación y Presupuesto y en el nivel de la comunidad por la Unidad de Gestión Financiera.

238. Veamos a continuación un cuadro de cómo se distribuyen las tareas técnicas en los tres niveles de desarrollo del proceso de planificación participativa.

TAREAS DE PLANIFICACIÓN Y PRESUPUESTO

MUNICIPIO	ÁREA TERRITORIAL	COMUNIDAD
Equipo Municipal de Planificación y Presupuesto	Equipo Territorial de Planificación y Presupuesto	Unidad de Gestión Financiera
1. Dictar talleres sobre conocimientos básicos de Planificación y Presupuesto público para todos los actores.		
2. Dictar talleres para la elaboración del Plan de Desarrollo, el Presupuesto y Plan de Inversión Anual a los consejeros y consejeras municipales y territoriales.		
3. Preparar anualmente la información económica necesaria para evaluar la ejecución del Paln de Desarrollo y del Presupuesto y del Plan de Inversión Anual del municipio.	3. Ídem del área territorial.	3. Ídem de la comunidad.
4. Constituir equipos interdisciplinarios e interfuncionales (técnicos de la secretaría correspondiente y de otros entes del Estado, expertos voluntarios, personas designadas por las comunidades) para la elaboración de los proyectos de los tres niveles en que se desarrolla el proceso.	4. Apoyar la elaboración de los proyectos del área territorial.	4. Apoyar la elaboración de los proyectos de la comunidad.
5. Realizar una evaluación técnica y financiera de los proyectos macro del municipio.	5. Ídem de los del área territorial y de los proyectos más complejos de las comunidades.	5. Ídem de los proyectos más simples de la comunidad.

6. Asesorar al Consejo Municipal en la revisión de los planes de las áreas territoriales para evitar duplicidades y conflictos y proponer alternativas si esto se detecta.	6. Ídem al Consejo Territorial en la revisión de los planes comunitarios.	
7. Elaborar la propuesta de Plan de Desarrollo Municipal integrando en un solo plan los proyectos relacionados con el municipio como un todo, los que se articulan con otros municipios o con la región en la que este está situado y los proyectos que emergen de los Planes de Desarrollo de cada área territorial, incluyendo los menores de las comunidades.	7. Elaborar la propuesta de Plan de Desarrollo Territorio al tomando en consideración los Planes de Desarrollo Comunitario.	7. Elaborar la propuesta de Plan de Desarrollo Comunitario.
8. Formalizar técnicamente el Plan de Desarrollo, el Presupuesto y el Plan de Inversión Anual del municipio.	8. Ídem para los planes del área territorial y los planes comunitarios.	
9. Elaborar el cronograma de trabajo del proceso de planificación participativa del municipio.	9. Ídem del área territorial.	9. Ídem de la comunidad.
10. Dar seguimiento y apoyo técnico en todas las etapas del proceso de planificación participativa municipal, coordinando con el Equipo de Promoción Social.	10. Ídem para el área territorial.	10. Ídem para la comunidad.

2) EQUIPOS DE PROMOCIÓN SOCIAL

239. Como ya decíamos anteriormente, junto al Equipo de Planificación y Presupuesto, es necesario contar también con un Equipo de Promoción Social en los tres niveles. A continuación señalaremos las tareas que deben cumplir estos equipos tanto para preparar las condiciones que permitan poner en marcha el proceso de planificación participativa, como aquellas que deben cumplir durante el proceso mismo.

240. El Equipo de Planificación y Presupuesto y el de Promoción Social deberán coordinarse con los equipos técnicos transferidos por el municipio a las áreas territoriales proporcionándoles el apoyo logístico y técnico necesarios. Se deberá hacer un esfuerzo especial para motivar a los funcionarios afectados para que acepten de buena gana ese cambio en las condiciones de trabajo.

TAREAS DE PROMOCIÓN SOCIAL

MUNICIPIO Equipo Municipal de Promoción Social	ÁREA TERRITORIAL Equipo Territorial de Promoción Social	COMUNIDAD Equipo Comunitario de Promoción Social
Tareas preparatorias		
1. Reproducir reglamento provisional del proceso de planificación participativa municipal.	1. Distribuirlo entre los miembros del Consejo y la Asamblea Territoriales.	1. Mantenerlo a disposición de la comunidad
2. Preparar las campañas para sensibilizar a los actores.	2. Poner en marcha diferentes iniciativas locales para ello.	2. Ídem y apoyarse en el grupo de activistas para motivar la participación.
3. Convocar y organizar el cuerpo de voluntarios.	3. Apoyar la convocatoria para ello.	
4. Crear y mantener la base de datos del municipio con toda la información relevante sobre el mismo, tanto la proveniente de las diferentes instancias e instituciones del Estado como las que puedan suministrar las áreas territoriales, poniendo especial énfasis en el mapa de actores sociales.	4. Ídem del área territorial a partir de las elaboradas en las comunidades de dicha área.	4. Ídem de la base de datos de la comunidad.
5. Proporcionar apoyo logístico y organizativo para constituir la Asamblea y el Consejo Municipales	5. Ídem en el área territorial.	5. Ídem en la comunidad.

TAREAS UNA VEZ CONSTITUIDOS LOS CONSEJOS Y ASAMBLEAS DE PLANIFICACIÓN PARTICIPATIVA

1. Mantener la base de datos del municipio.	1. Ídem del área territorial.	1. Ídem de la comunidad.
2. Publicar los textos, datos estadísticos y cartografía que se requieran para la información y formación de los actores que participan en el proceso.	2. Distribuirlos en el área territorial.	2. Ídem en la comunidad.
3. Coordinar y apoyar logísticamente las actuaciones de los Equipos Territoriales de Promoción.	3. Ídem del Equipo Comunitario de promoción social.	
4. Implementar las diversas iniciativas de formación en los tres niveles.	4. Asegurar la asistencia de las personas seleccionadas del área territorial.	4. Ídem de la comunidad.
5. Realizar la convocatoria y preocuparse de la logística para los eventos que se programen a nivel municipal.	5. Ídem en el área territorial.	5. Ídem en la comunidad.
6. Coordinar y apoyar las actividades de los equipos de voluntarios a nivel municipal.	6. Ídem en el área territorial.	6. Ídem en la comunidad.

7. Seleccionar y/o elaborar el material pedagógico a utilizar en los talleres de formación y en las diversas actividades del proceso.	7. Distribuirlo en el área territorial.	7. Mantener a disposición de la comunidad una biblioteca con dicho material.
8. Organizar los Talleres a nivel Municipal.	8. Ídem a nivel del área territorial.	8. Ídem a nivel de la comunidad.
9. Organizar las Asambleas a nivel Municipal.	9. Ídem a nivel del área territorial.	9. Ídem a nivel de la comunidad.
10. Organizar los Foros Temáticos y de servicios de dimensión municipal.	10. Ídem a nivel del área territorial.	10. Ídem a nivel comunitario.
11. Seleccionar a los coordinadores territoriales entre el personal de la Alcaldía u otras instituciones del Estado.	11. Seleccionar a los coordinadores comunitarios entre los cuadros disponibles en el área territorial.	

3) COORDINADORES TERRITORIALES Y COMUNITARIOS

241. El proceso de planificación participativa debe contarse también con un personal destinado a atender a cada área territorial, así como a cada comunidad. A estas personas las llamaremos coordinadores y coordinadoras territoriales o comunitarios según sea el caso. Son parte del personal institucional y deben servir de enlace entre el municipio y la respectiva área territorial, y entre el área y la respectiva comunidad.

242. Su misión es atender los requerimientos particulares del área territorial o comunidad que les ha sido asignada, en lo que se refiere a materias relacionadas con el proceso de planificación participativa descentralizada.

243. El coordinador o coordinadora territorial deberá articularse con el Equipo de Planificación y Presupuesto y con el Equipo de Promoción Social de su área y, cuando sea necesario, con los equipos equivalentes municipales. El coordinador comunitario a su vez deberá coordinarse con el Equipo de Promoción Social de la Comunidad.

244. Dadas sus funciones los y las coordinadoras territoriales y comunitarias deben ser personas muy respetadas por todos los sectores y, para evitar problemas, no deben vivir en el espacio geográfico donde se les asigne la coordinación. Recomendamos que sus nombres sean sometidos a la aprobación de las Asamblea de Planificación Participativa de su área territorial o comunidad. Es muy negativo que se imponga un coordinador/a que sea rechazado/a por las personas que tienen que trabajar con él o con ella.

TAREAS DE LOS COORDINADORES Y COORDINADORAS

Coordinador/a territorial	Coordinador/a comunitario/a
1. Servir de puente entre el Consejo y la Asamblea del área territorial que le fue asignada y las instancias municipales.	1. Servir de puente entre los miembros del Consejo y la Asamblea Comunitaria y las instancias territoriales.
2. Mediar en los conflictos entre el municipio y el área territorial que le fue asignada.	2. Ídem entre el área territorial y la comunidad que le fue asignada.
3. Mediar en los conflictos que puedan surgir entre las comunidades pertenecientes a su área territorial.	3. Ídem entre sectores de la misma comunidad.
4. Explicar el proyecto de reglamento a nivel territorial.	4. Ídem en la comunidad.
5. Suministrar al área territorial que atiende las informaciones que se requieran.	5. Ídem a la comunidad.
6. Ayudar a organizar las distintas actividades que deben realizarse en el área territorial que le fue asignada.	6. Ídem en la comunidad.
	7. En el caso de no existir una comunidad organizada convocar a una asamblea de ciudadanos y ciudadanas para que se elija al equipo de personas que llevará adelante el proceso de planificación participativa.[10]

---

10. En Venezuela se llama Grupo Promotor Externo al grupo de personas

4) SECRETARÍAS O DEPARTAMENTOS DE LA ALCALDÍA Y OTROS ENTES DEL ESTADO

245. Las secretarías de la Alcaldía deben colaborar con sus conocimientos socio-políticos y técnicos en todo el proceso de planificación participativa. No cabe duda de que para la formulación de proyectos complejos se requiere el concurso de un grupo de profesionales especializados y con formación multidisciplinaria y experiencia en el trabajo comunitario. Por ejemplo, para la construcción de un sistema de aguas servidas o el asfaltado de calles, será necesario hacer cálculos y especificaciones técnicas. Y mientras no se haya descentralizado a los funcionarios del Estado, los ministerios y demás órganos de gobierno deberían facilitar personal técnico.

246. Estas Secretarías deben presentar ante los delegados y delegadas las informaciones técnicas de su área de trabajo y las propuestas de programa de gobierno para las obras estructurales, proyectos y servicios de dicha área y, además, deben apoyar la elaboración de proyectos de acuerdo a sus competencias.

---

que interviene desde fuera de la comunidad para ayudarla a organizarse y asesorarla técnicamente. Donde sea necesario se podría adoptar esta figura en apoyo al coordinador o coordinadora comunitario. Ver más sobre este tema en **Serie ABC Consejos Comunales**, op. cit., Cuaderno No.5: Pasos para la conformación de los consejos comunales, párrafos 2 al 10.

Capítulo III

Instancias de Participación Ciudadana

247. Proponemos la conformación de dos tipos de instancias de participación ciudadana en cada uno de los tres niveles:

- el Consejo de Planificación Participativa
- la Asamblea de Planificación Participativa, con participación delegada en el caso de las asambleas municipales y de áreas territoriales, y con participación directa en el caso de las comunidades.

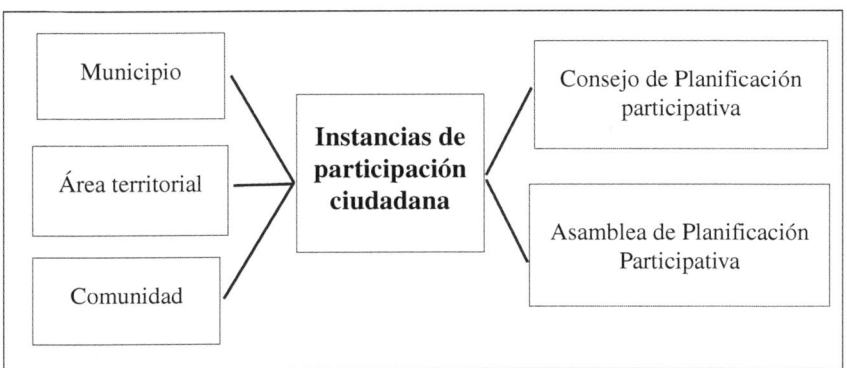

1) CONSEJOS DE PLANIFICACIÓN PARTICIPATIVA

a) Instancia rectora

248. El Consejo de Planificación Participativa es la instancia rec-

tora del proceso en cada nivel en que éste se desarrolla (municipio, área territorial, comunidad).

249. Su función fundamental es elaborar las propuestas de Plan de Desarrollo, Presupuesto y Plan de Inversión Anual en su respectivo nivel, y aprobarlas en primera instancia, ya que la aprobación definitiva deberá ser realizada por la Asamblea de Planificación Participativa correspondiente.

250. Para poder lograr este objetivo debe discutir y aprobar las grandes líneas de ingresos y egresos (matriz presupuestaria) presentadas por el Equipo de Planificación y Presupuesto en cada nivel, velando porque hayan sido consideradas en ella las aspiraciones de la población traducidas en demandas de obras y servicios.

b) Tareas del Consejo de Planificación Participativa

251. Previamente a señalar las tareas que debe cumplir el Consejo de Planificación Participativa en cada nivel debemos recordar que antes de que se inicie el proceso de planificación participativa propiamente tal, la Alcaldía y el Equipo de Planificación y Presupuesto Municipal elaboran y presentan diversas propuestas que van a dar forma a todo el proceso: la delimitación de las áreas territoriales y de las comunidades; la previsión plurianual y anual de los ingresos y egresos del municipio y de los fondos disponibles para la financiación del Plan de Desarrollo Municipal; la descentralización de competencias y recursos humanos, materiales y financieros al conjunto de las áreas territoriales; los criterios para el reparto de los recursos financieros entre los diferentes territorios; y el reglamento provisional que regirá la fase inicial del proceso.

252. Estas propuestas son presentadas por los equipos técnicos de cada nivel a las asambleas respectivas (municipal, territorial, comunitaria) para su análisis y debate y deben ser aprobadas finalmente (con o sin modificaciones) en la primera Asamblea Municipal de la Planificación Participativa.

253. A continuación examinaremos las tareas de los Consejos de Planificación Participativa dividiéndolas en dos grandes grupos: aquellas que deben ser puestas en práctica al iniciar por primera vez un proceso de planificación participativa en un determinado espacio geográfico, sea este municipal, territorial o comunitario; y aquellas que deberán ser desarrolladas anualmente una vez que ya se ha establecido el Plan de Desarrollo.

254. Debido a que los niveles superiores deben irse nutriendo de los niveles inferiores, partiremos esta vez de la comunidad, para seguir con el área territorial y terminar con el municipio. Y cuando haya tareas que deben ser realizadas, primero por la comunidad, luego por el área territorial y luego por el municipio, usaremos una visualización escalonada manteniendo el mismo número de la respectiva tarea.

255. Entre otras tareas del Consejo Municipal de Planificación Participativa podemos considerar la necesidad de apoyar la gestión del Equipo Municipal de Planificación y Presupuesto y del propio alcalde ante el gobierno estadal o provincial y el ejecutivo nacional, en relación con aquellos proyectos priorizados por la población que, por su magnitud, requieren de grandes inversiones y que, por lo tanto, no pueden ser financiados con los recursos con que cuenta la Alcaldía.

TAREAS DEL CONSEJO DE PLANIFICACIÓN PARTICIPATIVA AL INICIAR EL PROCESO DE PLANIFICACIÓN PARTICIPATIVA

COMUNIDAD	ÁREA TERRITORIAL	MUNICIPIO
Consejo Comunitario de Planificación Participativa.	**Consejo Territorial de Planificación Participativa.**	**Consejo Municipal de Planificación Participativa**
1. Resumir y consolidar las conclusiones a las que llegó la Asamblea Comunitaria al discutir las propuestas provenientes de las tareas 2 y 4 del cuadro Tareas preparatorias y llevarlas al correspondiente Consejo Territorial.[11]		
	1. Ídem Resumir y consolidar esas conclusiones de las comunidades y presentarlas a la Asamblea Territorial para su discusión y aprobación y llevarlas entonces al correspondiente Consejo Municipal.	
		1. Ídem de las áreas territoriales y presentarlas a la Asamblea Municipal para su discusión y aprobación.

		→ continúa página siguiente
2. Elaborar el reglamento de funcionamiento del Consejo Comunitario de Planificación Participativa y la propuesta de reglamento de funcionamiento de la Asamblea comunitaria.	2. Ídem del Consejo Territorial y de la Asamblea Territorial.	2. Ídem del Consejo Municipal y de la Asamblea Municipal.
3. Revisar y analizar la base de datos de la comunidad.	3. Ídem del área territorial.	3. Ídem del municipio.
4. Examinar y completar el listado de aspiraciones recogidos en la Asamblea Comunitaria, determinar a qué nivel de ejecución pertenecen (comunidad, área territorial o municipio) y establecer las prioridades de cada listado. Presentarlo a la Asamblea Comunitaria para su aprobación. Invitar a las personas interesadas a conformar grupos de trabajo para el paso siguiente.		
	→ continúa página siguiente	

11. Propuestas de subdivisión del municipio en áreas territoriales; competencias a transferir a las áreas territoriales y a las comunidades; recursos logísticos y personal a transferir; recursos financieros a descentralizar y criterios de reparto entre las áreas territoriales, y aquellos que se reservarán para su gestión municipal. Y por último: el Reglamento Provisional del Proceso de Planificación Participativa. Ver Cuadro "Tareas Preparatorias" luego del párrafo 235.

Consejo Comunitario de Planificación Participativa.	Consejo Territorial de Planificación Participativa.	Consejo Municipal de Planificación Participativa
	4. Elaborar un listado único de aspiraciones de nivel territorial y otro de nivel municipal, consolidando y completando las propuestas provenientes de las Asambleas Comunitarias y estableciendo prioridades. Presentarlos a la Asamblea Territorial para su aprobación. Elevar el listado municipal al Consejo Municipal	4. Elaborar un listado único de aspiraciones de nivel municipal y establecer prioridades, consolidando y completando las propuestas provenientes de las áreas territoriales. Presentarlo a a la Asamblea Municipal para su aprobación.
5. Concreción de las aspiraciones de nivel comunitario en ideas-proyectos tanto de carácter anual como plurianual. y presentarlas al Consejo Territorial.	5. Ídem de nivel territorial y presentarlas al Consejo Municipal	5. Ídem de nivel municipal.
	6. Estudiar, con el apoyo de los equipos técnicos respectivos, las ideas-proyecto de ámbito comu-	6. Ídem para las ideas-proyecto de ámbito territorial.

→ continúa página siguiente

detectar posibles duplicidades y conflictos. Proponer en su caso soluciones y alternativas.		
7. Conformar grupos de trabajo con los interesados para preparar los proyectos que la comunidad pueda resolver con sus propios recursos. Entregar las ideas-proyecto más complejas al Equipo de Elaboración de Proyectos.	7. Entregar las ideas-proyecto territoriales al Equipo de Elaboración de proyectos.	7. Ídem las ideas-proyecto municipales al Equipo de Elaboración de proyectos.
8. Negociación para determinar qué proyectos van en el Plan de Inversión Anual de de la comunidad.	8. Ídem del área territorial.	8. Ídem del municipio.
9. Discutir y aprobar en primera instancia las propuestas de Plan de Desarrollo, Presupuesto y Plan de Inversión Anual elaboradas por la Unidad de Gestión Financiera del Consejo Comunitario incorporando la definición de los proyectos elegidos para ser incorporados.	9. Ídem las propuestas de del Plan de Desarrollo, Presupuesto y Plan de Inversión Anual Territorial elaborados por el Equipo Territorial de Planificación y Presupuesto.	9. Ídem las propuestas de Plan de Desarrollo, Presupuesto y Plan de Inversión Anual municipal elaboradas por el Equipo Municipal de Planificación y Presupuesto.
10. Presentarlas a la Asamblea de la comunidad.	10. Presentarlas a la Asamblea Territorial.	10. Presentarlas a la Asamblea Municipal.

→ continúa página siguiente

11. Remitir los documentos aprobados al Equipo de Planificación y Presupuesto, luego de ser ratificados por dicha Asamblea Comunitaria, y ver qué pueden aportar los habitantes de la comunidad en la ejecución de algunos proyectos.	11. Remitir los documentos comunitarios y territoriales aprobados al Equipo Municipal de Planificación y Presupuesto.	11. Ídem de los documentos municipales al Equipo Municipal de Planificación y Presupuesto.
12. Elaborar un calendario para la ejecución de los proyectos de nivel comunitario.	12. Ídem de de nivel Territorial.	12. Ídem de nivel Municipal.

13. Una vez hecha la redacción final del documento del Plan de Desarrollo, Presupuesto y Plan de Inversión Anual por el Equipo Municipal de Planificación y Presupuesto todos los actores tanto institucionales como de participación ciudadana lo presentan a la Asamblea Legislativa Municipal para su aprobación institucional.

c) Consejeras y consejeros

256. Llamaremos **consejeras y consejeros** de planificación participativa a las personas que conforman dichos consejos.

■ *Elección de las y los consejeros*

257. Este proceso es diferente según se trate de la comunidad o de los dos niveles superiores (municipio y área territorial).

258. **En el caso de la comunidad,** hay que procurar que, en el proceso de elaboración del plan comunitario, participen las personas más activas de esta, las que demuestren más interés en trabajar por ella: sus líderes naturales, algunos intelectuales, deportistas o artistas destacados, entre otros, y aquellas personas que, por su función tienen una mayor visión de la comunidad como un todo; por ejemplo, la directora de la escuela, el médico

del consultorio, el cura de la parroquia, etcétera. Es decir, todas las personas que actúan o ejercen una cierta influencia en la comunidad. Entre ellas habría que considerar también a representantes de las actividades productivas más significativas. Estas personas deben ser las que conformen el Consejo Comunitario de Planificación Participativa y den ser electas en la primera Asamblea Comunitaria de Planificación Participativa, a propuestas del equipo dirigente de la comunidad, quien tendrá en cuenta los criterios anteriormente señalados. La asamblea puede ratificar o modificar esta propuesta. Para un buen funcionamiento del consejo es conveniente que su número no exceda las 30 personas.

259. **En el caso de los consejos del área territorial y del municipio,** éstos deben ser conformados por personas electas en las respectivas asambleas de los espacios geográficos en que están subdivididos. Cada Asamblea Comunitaria de Planificación Participativa (de las comunidades que existen en esa área territorial) debe elegir a dos consejeros: un hombre y una mujer, para que represente a la comunidad en el Consejo de Planificación Participativa de su área territorial. Si ha habido algún foro temático en la comunidad, éste debería también enviar delegados. A su vez cada Asamblea Territorial debe elegir a dos personas, un hombre y una mujer entre los miembros de su Consejo Territorial para que formen parte del Consejo Municipal de Planificación Participativa. Y si se ha realizado algún foro temático, debe también elegirse una delegación para que represente las ideas y propuestas allí debatidas. Y lo mismo se debe hacer si han existido foros de nivel municipal.

260. El respectivo Consejo de Planificación Participativa es el que debe levantar las candidaturas, las que deben ser ratificadas

o modificadas por las respectivas Asambleas.

■ *Duración del mandato*

261. Proponemos que el mandato de los consejeros y consejeras dure tanto como el periodo que dure el Plan de Desarrollo Municipal, pero que ese mandato sea ratificado por su respectiva asamblea anualmente. Sin embargo, si alguna de esas personas llega a perder la confianza de sus electores, puede ser revocada en cualquier momento.

■ *Perfil*

262. Se debe elegir a las personas más idóneas para cumplir ese papel, aquellas capaces de argumentar y defender las posiciones adoptadas por sus respectivas Asambleas de Planificación Participativa, pero, al mismo tiempo, estas personas deben tener una visión más global de los problemas y potencialidades de sus respectivas áreas geográficas.

■ *Mandato creativo*

263. Los consejeros y consejeras deben ser capaces de defender las posiciones adoptadas en su asamblea de base, pero también de escuchar a los otros consejeros y consejeras, modificando, si es preciso, como ya dijimos con anterioridad, las posiciones inicialmente defendidas sobre la base de los nuevos argumentos esgrimidos en el debate. No son robots que meramente transmiten lo decidido en sus comunidades.

264. Puede ocurrir que una consejera o consejero llegue a considerar como prioritaria una aspiración que no sea la que su comunidad señaló, debido a que en el intercambio con los otros

consejeros y consejeras se da cuenta que otra comunidad de su área territorial presenta una aspiración que refleja una necesidad más urgente de resolver, por ejemplo, la necesidad de cambiar una tubería para restablecer el servicio de agua potable en esa comunidad, en lugar de la aspiración de su comunidad de pintar las paredes de la escuela.

265. En caso que esto ocurra se debería otorgar un determinado plazo para que estos consejeros vuelvan a sus respectivas comunidades a tratar de convencerlas del cambio de prioridades, con los nuevos argumentos surgidos en las discusiones del Consejo Territorial de Planificación Participativa. Deben realizar un esfuerzo de pedagogía popular. Aunque esto resulte más engorroso, es importante que se dé a las personas la oportunidad de repensar sus decisiones a partir de los nuevos datos que les proporcionan sus consejeros, eso ayuda a un mayor desarrollo humano, que es uno de los objetivos que nos proponemos alcanzar a través del proceso de planificación participativa.

266. Si luego de ese intento no logran convencer a sus electoras y electores —cosa que esperamos no ocurra porque creemos que la gente es capaz de entender cuando se le dan explicaciones argumentadas— y las gran mayoría de ellos se pronuncia en contra de la modificación de las prioridades, esos consejeros deben llevar esta decisión al Consejo Territorial a modo de información y sólo si la mayoría de las restantes comunidades llegan a la misma conclusión, este consejo debería modificar las prioridades acordadas en la reunión previa.

- *Contacto permanente con los electores*

267. De la misma forma, se debe funcionar en el Consejo Mu-

nicipal en relación con las aspiraciones de las áreas territoriales.

268. Se trata de un proceso muy fluido con una constante corriente de comunicación de abajo a arriba y de arriba a abajo, donde las personas que cumplen una función delegada están en permanente contacto con sus bases. Las informan de los cambios que puedan irse introduciendo en las propuestas originales, las prioridades subsumidas en otras prioridades, las obras pospuestas y las razones para ellos, etcétera. A su vez deben transmitir hacia arriba las reacciones de estas bases a los cambios sugeridos.

269. Es decir, los Consejos no trabajan en forma aislada, sino que periódicamente van dando cuenta a sus respectivas asambleas del avance de sus trabajos y de los cambios que han tenido que introducir. Y cuando presentan el Plan o el Presupuesto para que sus respectivas asambleas lo ratifiquen, deben convencerlas con argumentos y, en caso que no lo logren, dichas asambleas tienen el derecho a rechazarlos, y proponer una solución alternativa siempre que exista el *quorum* suficiente para hacerlo.

270. Esto tiene un costo en términos de tiempo pero es un precio razonable si queremos hablar de verdadera participación.

■*Deben disponer de tiempo para cumplir sus funciones*

271. Se debe procurar elegir a personas que tengan las mejores condiciones para desempeñar estas tareas, aquellas que dispongan del tiempo para poder asistir a reuniones y talleres, y para apoyar concretamente en distintos aspectos del proceso de planificación participativa.

272. Para facilitar la participación de sus miembros los respecti-

vos consejos deberán establecer horarios de trabajo que no interfieran con los laborales. Y deberían aprovechar los días festivos y feriados locales para las actividades que no puedan realizarse en esos horarios (recorrido por el barrio, talleres de formación, etcétera). Si a pesar de ello, en alguna ocasión, fuera necesario interferir con los horarios laborales normales, podría acordarse una remuneración compensatoria a quienes lo necesiten (pequeños empresarios, trabajadores autónomos, asalariados). Ésta debería provenir de los propios electores y electoras que los eligieron, de tal forma que si estiman que dichos consejeros y consejeras no cumplen con sus funciones, sean ellos los más interesados en sustituirlos. En cualquier caso, debe asegurarse que exista amparo legal para evitar consecuencias negativas (despidos, pérdida de categoría) para los trabajadores públicos y privados que puedan verse obligados a ausentarse puntualmente de su puesto de trabajo.

273. Deben tener el compromiso social necesario. Hay que evitar que sean electos por amiguismo, clientelismo político o motivaciones ajenas al interés comunitario.

274. Sus deliberaciones deberán basarse en la búsqueda de consenso en torno a la selección de los proyectos a realizar a partir de las prioridades presentadas por las comunidades y áreas territoriales y de acuerdo a una visión integral del municipio y a su Plan de Ordenamiento Territorial (si existe).

■ *Revisión de la información disponible*

275. Una de las primeras cosas que las consejeras y consejeros deben procurar tener es una visión lo más acabada posible de las características de sus respectivos espacios geográficos y de su po-

blación, especialmente de sus principales carencias y necesidades, y de sus capacidades y potencialidades, así como también de los actores sociales que allí existen.

- *Recorrido por el respectivo espacio geográfico*

276. Para lograr este objetivo, además de analizar la información que otorga la respectiva base de datos, es muy útil que se organice un recorrido por todo el municipio o por el territorio, en algún medio de transporte colectivo y, si es necesario, se realicen reuniones con los habitantes o actores sociales pertinentes. En el caso de la comunidad este recorrido puede hacerse a pie.

277. De esta forma los consejeros y consejeras podrán observar en persona los problemas que más afectan a sus habitantes y aquellos que requieren de una solución más urgente. Podrán muchas veces darse cuenta que los problemas priorizados en algunos lugares son menos urgentes que los de otros y, movidos por un espíritu de solidaridad interterritorial, sentirán la necesidad de pronunciarse a favor de proyectos que no eran originalmente los suyos.

278. Igualmente deben disponer de la información completa sobre la realidad presupuestaria del municipio, área territorial, comunidad, tanto de la heredada, como de la evolución que esta vaya teniendo.

- *Tareas de los consejeros y consejeras*

279. Además de las tareas señaladas más arriba que deben cumplir como Consejo, son tareas propias de los consejeros y consejeras:

- Asistir a regularmente a las reuniones del Consejo y participar activamente en las tareas que este planifique.

▪ Asistir a talleres donde se les proporcionen los conocimientos (técnicos y de otro tipo) necesarios para poder desempeñar su papel con la preparación requerida.

▪ Buscar el apoyo técnico necesario.

d) Invitados permanentes a los Consejos

280. Proponemos que se considere como invitados permanentes a las reuniones del Consejo Municipal de Planificación Participativa al alcalde y su secretario ejecutivo, a dos representantes del Equipo Municipal de Planificación y Presupuesto, a dos de su Equipo de Promoción Social y a los Coordinadores Territoriales.

281. En el caso del área territorial debería invitarse al o la coordinadora del área territorial respectiva, a un representante del Equipo de Planificación y Presupuesto, a un representante del Equipo de Promoción Social del área territorial y a los coordinadores comunitarios.

282. Estas personas sólo podrán ser observadoras del proceso, pueden informar y dar sus opiniones, pero no pueden tomar parte activa en la toma de decisiones. Su presencia es muy útil porque aportan informaciones y conocimientos técnicos sobre la materia.

2) ASAMBLEAS DE PLANIFICACIÓN PARTICIPATIVA

283. De acuerdo a lo que mencionamos al inicio de este texto hay dos tipos de asambleas: aquellas que usan un sistema de delegación (municipio y área territorial) y aquellas de democracia directa en las comunidades.

a) Asambleas de Planificación Participativa con sistema de delegación (área territorial y municipio)

284. Llamamos **Asambleas de Planificación Participativa** en el municipio y área territorial a aquellas asambleas que reúnen a todas las consejeras y consejeros que representan los espacios geográficos en que están divididos. En el nivel del municipio a todos los miembros de cada uno de los Consejos de Planificación Participativa de cada área territorial. En el nivel del área territorial a todos los miembros de los Consejos de Planificación Participativa Comunitaria. A ellos hay que agregar una representación por cada Foro Temático y de Servicios.

▪ *Personas a invitar*

285. Es muy importante que, como hemos indicado al comienzo de este capítulo, estas asambleas estén abiertas a todos los que quieran asistir. Pero además a esas asambleas se debería invitar expresamente a las personas más destacadas en su respectiva área geográfica: el director del hospital, los directores de los centros asistenciales, de las escuelas y otros institutos de educación, los médicos, los deportistas más destacados, los pastores o curas, etcétera.

286. También sería conveniente incluir como invitados, en el caso del municipio, a un determinado número de miembros de la Asamblea Legislativa Municipal (concejales del gobierno, de la oposición, e independientes) de forma que cuando esta asamblea deba formalmente aprobar los planes y presupuestos municipales, sus miembros hayan podido conocer de primera mano los debates que han tenido lugar en relación con las propuestas que se van a aprobar. En el caso del área territorial, debería invitarse al concejal de dicha área y a los miembros del gobierno territorial, en el caso que de que éste exista.

287. Y, por supuesto, se debe invitar a todas los profesionales y técnicos que están apoyando con su trabajo voluntario.

288. Los invitados deberían tener voz en la Asamblea para exponer sus criterios, pero el voto debería reservarse sólo a los consejeros y consejeras y colectivos de las entidades anteriormente señaladas.

■ *Delegadas y delegados*

289. Llamaremos **delegadas y delegados** a las personas que forman parte de estas Asambleas de Planificación Participativa.

290. Ellas son las únicas que tienen derecho a voto en dichas asambleas.

291. Estas personas deben participar en forma activa y creativa en el proceso de planificación participativa, asistiendo a las reuniones y talleres que se realicen en su área territorial y comprometiéndose a colaborar en diferentes tareas durante el proceso.

■ *Tareas de los y las delegadas*

292. Entre estas tareas están las siguientes:

■ Apoyar a los consejeros de su espacio territorial en todas sus tareas.

■ Estar informados acerca de los distintos temas que se discuten en la asamblea de planificación participativa de su área geográfica.

■ Asistir a la Asamblea de Planificación Participativa de su respectivo espacio geográfico.

■ Procurar el apoyo técnico para ser capaces de transformar las demandas en proyectos concretos y viables.

■ Controlar el uso de los recursos destinados a los proyectos priorizados y la calidad de la ejecución de los mismos.

■ Asistir a las reuniones de trabajo para profundizar en el diagnóstico del territorio, para recibir una preparación mínima respecto al tema de la planificación y presupuesto, para intercambiar experiencias de su trabajo entre área territorial o entre comunidades, para informarse de la marcha del proceso, etcétera.

■ En las comunidades, en el caso de que existan delegados por área vecinal o centro de trabajo o estudio, recoger las demandas en sus respectivas reuniones de base.

293. En algunas de las actividades anteriormente señaladas pueden participar también quienes deseen apoyarlas voluntariamente siempre que tengan tiempo para ello.

294. En resumen, los delegados y delegadas tienen la tarea fundamental de llevar a sus respectivas asambleas las inquietudes, aspiraciones y criterios de sus representados y presentar a éstas las propuestas elaboradas a nivel territorial y municipal.

295. Deben ser los grandes agentes motivadores del proceso de planificación participativa.

b) Asambleas Comunitarias de Planificación Participativa.

296. Llamaremos **Asambleas Comunitarias de Planificación Participativa** a aquellas asambleas que se realizan en las comunidades para discutir temas referidos al proceso de planificación participativa en la comunidad.

297. Sobre las características de las asambleas comunitarias ya hemos hablado bastante en este libro, tanto cuando desarrollamos el tema de los consejos comunales en el Capítulo II de la

primera parte de este libro[12], como cuando nos referimos al tema de la democracia directa en el Capítulo I de esta segunda parte[13].

298. Éstas, como todas las asambleas comunitarias, están abiertas a la participación de toda la ciudadanía que habita en dicho territorio, sin exclusiones de ningún tipo.

299. Sin embargo, para asegurar que sean realmente representativas, sería muy conveniente elegir a delegados o delegadas por cada una de las áreas vecinales[14] que conforman dicha comunidad. Y proponemos que para que haya *quórum* en estas asambleas, se considere que deben estar presentes al menos dos tercios de los delegados vecinales de esa comunidad.

300. Para Argénis Loreto, el alcalde del municipio Libertador de Carabobo, la existencia de la figura del delegado cualifica a la asamblea comunitaria. Refiriéndose a su experiencia dice: "Antes, la asamblea de ciudadanos era algo amorfo; a veces hasta participaba gente de otras comunidades. Ahora la constitución de la asamblea está normada, definida en las ordenanzas. Se toma en cuenta el número de cuadras y el número de habitantes por cuadra. Por cada cuadra debe haber como mínimo un delegado y como máximo cinco. […] Para que se conforme el *quórum* en una asamblea, son necesarias dos condiciones: primero, que asistan a la mitad +1 del número de asistentes a la primera asamblea; segundo que haya representación de todas las cuadras"[15].

---

12. Ver párrafos 52 al 75 de este libro.
13. Ver párrafos 171 a 193 de este libro.
14. Sobre el concepto de área vecinal ver los párrafos 67 y 68 de este libro.
15. Marta Harnecker, **Gobiernos comunitarios...** op. cit.

> **Tareas de las Asambleas de Planificación Participativa**
>
> - Conocer, discutir y aprobar la subdivisión geográfica correspondiente (áreas territoriales, comunidades)
> - Conocer, discutir y aprobar el reglamento del proceso de planificación participativa.
> - Conocer, discutir y aprobar los criterios para la asignación de recursos a los diferentes espacios territoriales.
> - Conocer, discutir y aprobar la descentralización de competencias a las áreas territoriales y comunidades.
> - Conocer, discutir y aprobar el listado jerarquizado de aspiraciones de cada nivel.
> - Conocer, discutir y aprobar el Plan de Desarrollo, el Presupuesto y Plan de Inversión Anual (municipal, territorial y comunitario), y las modificaciones que, a la vista de su ejecución, vayan surgiendo en cada nivel.
> - Elegir a las y los consejeros a los respectivos Consejos de Planificación Participativa.

301. Para rechazar estas propuestas será necesario el voto negativo de la mayoría absoluta de las y los delegados (presentes o no) de la respectiva asamblea, siempre que entre esa mayoría se encuentren representados: en el caso del municipio, al menos dos tercios de las áreas territoriales; y en el caso de un área territorial, al menos dos tercios de las comunidades. En el caso de la comunidad habría que estudiar más el *quorum* a exigir ya que se trata de la participación de todos y todas las ciudadanas y ciudadanos de dicha comunidad. Proponemos que uno de los criterios sea el que anunciábamos anteriormente: que deberían estar presentes al menos dos tercios de las y los delegados de las áreas vecinales de esa comunidad.

■ *Funcionamiento*

302. Pueden ser convocadas tantas asambleas como se estime conveniente. Sin embargo, como mínimo, deberán desarrollarse

tres durante el proceso de elaboración del Plan de Desarrollo.

Primera Asamblea

1. El respectivo Equipo de Planificación y Presupuesto[16] municipal o territorial da a conocer:
- Las informaciones generales (situación económica en que se encuentra el respectivo nivel de gobierno;
marcha del Plan de Inversiones del año anterior y de las grandes líneas del nuevo Plan de inversiones.
- La metodología a emplear
- La propuesta de reglamento
- El cronograma de trabajo.
- Los criterios generales de la distribución de los recursos para las áreas territoriales y las comunidades (sea una cantidad fija para cada comunidad o sea para las comunidades que ganen el concurso que se establezca).

2. Los delegados y delegadas ((las ciudadanas y ciudadanos en el caso de la comunidad):
- Evalúan críticamente la rendición de cuentas.
- Discuten y aprueban la metodología, el cronograma de trabajo, el reglamento y los criterios de distribución de los recursos.
- Ratifican los nombres propuestos para consejeros y consejeras en cada nivel.

Segunda Asamblea

1. El Equipo Técnico del respectivo nivel (municipio, área territorial):
- Presenta los grandes agregados de egresos (gastos de personal, consumo, servicios de terceros y otros, e inversiones) y una estimación de los ingresos para el año siguiente.
  En el caso de la comunidad este proceso es mucho más sencillo y debe ser ejecutado por el ente financierocomunitario

---

16. En el caso de la Asamblea Municipal sería conveniente que antes de la presentación de sus propuestas por el Equipo Municipal de Planificación Participativa, hubiera una intervención solemne del Alcalde dando inicio formal al proceso de planificación participativa propiamente dicho.

> **2. El Consejo correspondiente**:
> - Da a conocer el listado jerarquizado de aspiraciones propuesto en cada nivel (municipio, área territorial)
> - Presenta las prioridades presupuestarias a cada nivel y al superior.
>
> **3. Los delegados y delegadas (los y las ciudadanas y ciudadanos en el caso de la comunidad):**
> - Aprueban o proponen modificaciones al listado de aspiraciones jerarquizadas
> - Aprueban o proponen modificaciones a las prioridades presupuestarias
> - Dan a conocer el listado jerarquizado de aspiraciones de cada nivel (municipio, área territorial, comunidad)

> **Tercera Asamblea**
>
> **Las y los delegados** (las y los ciudadanos en el caso de la comunidad):
> - conocen y ratifican o el Plan de Desarrollo, el Presupuesto y el Plan de Inversión Anual de su nivel.

303. Es posible que sea necesario realizar asambleas extraordinarias en las áreas territoriales donde el Consejo Municipal haya observado la existencia de duplicidades o conflictos con otras áreas para aprobar o rechazar las soluciones propuestas. Igualmente en el caso de que un consejero municipal, a la vista de los trabajos del Consejo, considere necesario que la Asamblea Territorial que él representa modifique alguna de sus prioridades.

304. Sin perjuicio de aprovechar todas las tecnologías de la comunicación disponibles en cada caso (Internet, televisión, radio, prensa municipal, folletos, pasquines, etcétera), estas asambleas son el cauce permanente de comunicación entre las personas interesadas en el proceso de planificación participativa en cada nivel y las instancias de participación responsables de éste (los Consejos de Planificación Participativa y las instituciones gubernamentales

en el respectivo nivel). Debe existir una comunicación en los dos sentidos, de abajo hacia arriba y de arriba hacia abajo.

305. Esperamos, como decíamos inicialmente, que esta propuesta sea aplicada como experiencia piloto en algunos lugares de nuestra región o más allá de ella, y que sea enriquecida y/o corregida a partir de esas prácticas.

306. Muy pronto esperamos poder ofrecer a nuestros lectores nuestra propuesta metodológica acerca de cómo llevar adelante el proceso de planificación participativa tanto en la comunidad como en el área territorial y en el municipio.

ANEXOS

Anexo I

Niveles de descentralización y tipos de competencias

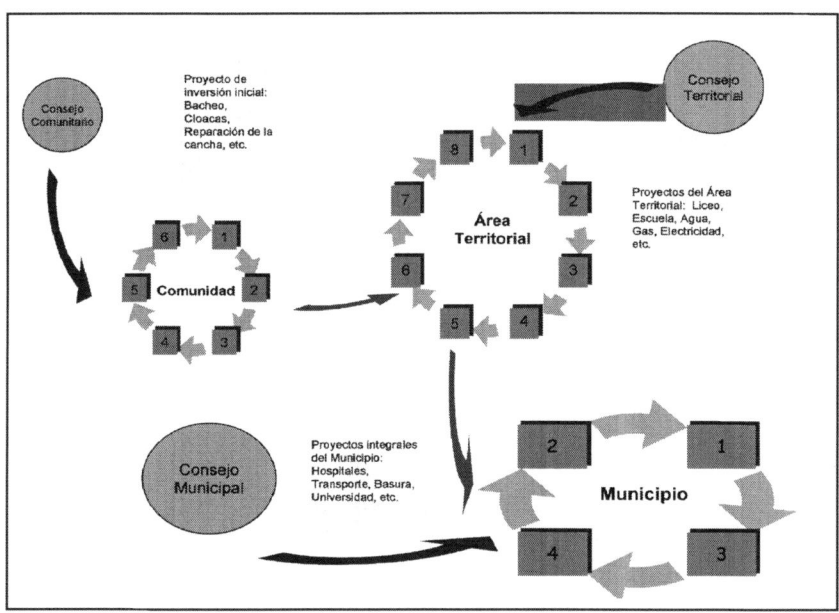

En este diagrama vemos como cada nivel de descentralización tiene sus propias competencias y como las 6 comunidades conforman el Área Territorial N° 3, y cómo las 8 áreas territorial conforman el Municipio N° 1. A su vez en cada nivel de descentralización existe un Consejo de Planificación Participativa.

Anexo II

Propuesta de distribución de recursos financieros a las áreas territoriales

En el Capítulo III de la Primera Parte de este libro hemos planteado que para repartir los recursos entre las diferentes áreas territoriales debemos establecer criterios que favorezcan a las áreas más pobres y desatendidas. De esta manera se irán disminuyendo paulatinamente las diferencias económicas entre ellas. El ideal sería que existiese un plan nacional de desarrollo que fijase los montos a transferir con estos criterios.

Pero sabemos que en muchos casos no existe ese plan nacional o éste puede no contemplar el problema de la distribución de los recursos descentralizados. Incluso puede ocurrir que se quiera iniciar una experiencia piloto de planificación participativa en un municipio determinado antes de poner en marcha el plan nacional.

En esos casos, corresponde a la Alcaldía proponer esos criterios. La idea es que estos criterios nos permitan favorecer a las áreas territoriales más pobres con la mayor ecuanimidad posible, evitando que por clientelismo o amiguismo, o simplemente por simpatía o razones emocionales, se favorezca indebidamente a determinadas áreas en desmedro de otras.

En este anexo vamos a proponer los criterios a usar y la metodología a emplear para lograr estos objetivos.

Esta propuesta debería ser presentada a la Asamblea Municipal de Planificación Participativa y discutida en las áreas territoriales y comunidades. En el caso en que dicha propuesta reciba un significativo rechazo en la asamblea, se debe pedir a esta que elabore una contrapropuesta para ser presentada al Consejo Municipal de Planificación Participativa. Este consejo deberá rediscutir el tema. En el caso de que sea bien recibida, se dará por aprobada.

a) Criterios para distribuir los recursos por territorio y su ponderación

A nuestro juicio, al menos dos criterios deberían ser considerados: aquel asociado con el grado de carencias de determinados servicios y el referido a la cantidad de habitantes de cada territorio.

Para determinar el grado de carencias de un área territorial consideramos que lo primero que tenemos que hacer es elaborar un cuadro de carencias o necesidades que nos permita lograr el puntaje de carencias de cada territorio.

Este cuadro debería mostrar la situación general en que se encuentran los siguientes aspectos: a) infraestructura vial (pavimentación y vías de acceso); b) servicios básicos (agua potable, aguas servidas, alumbrado público, servicio eléctrico en las viviendas); c) salud; d) educación; e) vivienda f) niveles de paro y subempleo.

Los censos socio-económicos realizados por las comunidades organizadas de cada territorio pueden ser un material precioso para establecer dicho cuadro.

Para confeccionarlo proponemos asignar puntajes a cada uno de los aspectos antes señalados de acuerdo a una escala preestablecida en la que los puntajes mayores deberán ser otorgados a los aspectos donde existen mayores carencias.

Las áreas territoriales con mayores carencias aparecerán, por lo tanto, con puntajes totales mayores y serán por ello priorizadas en el reparto de los fondos.

Es posible que en función de las características de las zonas donde se pretenda poner en marcha la planificación participativa, haya que tener en cuenta otros criterios: etnográficos (mayor o menor presencia de minorías étnicas), demográficos (grado de dispersión de la población de cada territorio) e incluso la dotación de servicios esenciales proporcionados por el sector privado (tiendas, supermercados, peluquerías, etcétera). Aquí nos referiremos sólo a los criterios ya mencionados anteriormente.

a) Infraestructura vial

■ *Pavimentación*

En el caso de la pavimentación, habría que comparar el total de lo pavimentado con lo no pavimentado. Si esa área territorial no tiene calles pavimentadas le otorgamos 5 puntos; si tiene hasta el 25% de éstas pavimentada, 4 puntos; si tiene entre el 25% y el 50%, 3 puntos; si tiene entre el 50% y el 75%, 2 puntos; si tiene menos del 25% del área territorial no está pavimentada, 1 punto; y si está completamente pavimentada, 0 punto.

■ *Vías de acceso*

En cuanto a las vías de acceso debemos considerar si esa área territorial carece de vías de acceso, en ese caso se le otorga 5 puntos; si tiene vías de acceso no pavimentadas y con huecos, 4 puntos;

si las tiene no pavimentadas pero en buen estado, 3 puntos; si tiene algunas vías pavimentadas pero con huecos, 2 puntos; si tiene todas las vías pavimentadas pero con huecos, 1 punto y si las tiene en estado perfecto, 0 puntos.

b) Servicios básicos

■ *Agua potable*

En el caso del agua potable habría que determinar qué cantidad de viviendas cuentan con ese servicio. Si las viviendas de esa área territorial no tienen agua potable le otorgamos 5 puntos; si menos del 25% tiene ese servicio, 4 puntos; si entre el 25% y el 50% lo tienen, 3 puntos; si entre el 50% y el 75% lo tienen, 2 puntos; si más del 75% pero no la totalidad lo tiene, 1 punto; y si todo el área territorial está atendida 0 puntos.

■ *Aguas servidas*

En el caso de las aguas servidas habría que determinar qué cantidad de viviendas cuentan con ese servicio. Si las viviendas de esa área territorial no tienen cloacas le otorgamos 5 puntos; si menos del 25% tiene ese servicio, 4 puntos; si entre el 25% y el 50% lo tienen, 3 puntos; si entre el 50 y el 75% lo tienen, 2 puntos; si más del 75% está atendida 1 punto, y si todas las viviendas del área territorial están atendidas, 0 punto.

■ *Alumbrado público*

En el caso del alumbrado público, podríamos otorgar 5 puntos a un área territorial que carece totalmente de alumbrado público, 4 puntos si el 75% de sus habitantes tiene esa carencia; 3 puntos si entre el 75 y el 50% de los habitantes no poseen calles alumbradas; 2 puntos si entre el 50 y el 25% carecen de ella; 1 punto si menos del 25% de la población sufre esta carencia; y lógicamente, si el alumbrado público cubre todo el área territorial se le asignan 0 puntos.

■ *Servicio eléctrico en las viviendas*

En el caso del servicio eléctrico en las viviendas, habría que determinar qué cantidad de éstas cuentan con ese servicio. Si las viviendas de esa área territorial no tienen electricidad le otorgamos 5 puntos, si menos del 25% tiene ese servicio, 4 puntos; si entre el 25% y el 50% lo tienen, 3 puntos; si entre el 50% y el 75% lo tienen, 2 puntos; si menos del 25% sufren esta carencia, 1 punto; y si todas las viviendas tienen servicio eléctrico, 0 puntos.

c) *Salud*

En el caso de la salud tendríamos que determinar los tipos de establecimientos de atención médica[1] que existen en el área territorial. Podríamos otorgar 5 puntos a un área territorial que carece totalmente de establecimientos para la atención de la salud; 4 puntos, a aquella que cuenta con algunos consultorios médicos de atención familiar, pero no con la cantidad requerida; 3 puntos, si cuenta con suficiente número de ellos; 2 puntos si además existe en ella un Centro de Diagnóstico Integral; 1 punto, si además cuenta con ambulatorio, Centro de Diagnóstico Integral y suficientes consultorios médicos de atención familiar; 0 puntos, a aquellas que tienen hospital, ambulatorio, Centro de Diagnóstico Integral y suficientes consultorios médicos de atención familiar. Sabemos que los hospitales, los ambulatorios y los Centros de Diagnóstico Integral atienden a todos los habitantes de ese

---

1. Aquí usamos los nombres que estos centros tienen en Venezuela.

municipio, pero no deja de ser menos cierto que representan una ventaja para el área territorial en que se encuentran ubicados.

d) Educación

En cuanto a la educación, habría que determinar si la oferta de cupos del sistema escolar en todos los niveles cubre la demanda de la población de cada área territorial. Si no cuenta con ninguna instalación educativa y su población tiene que trasladarse fuera del área territorial, se le otorgan 5 puntos; si sólo cubre menos del 25%, 4 puntos; si cubre entre el 25% y el 50%, 3 puntos; si cubre entre el 50% y el 75%, 2 puntos; si es superior al 75%, 1 punto; y si toda su población cuenta con este servicio hasta el liceo, 0 puntos.

e) Vivienda

Sobre este tema podríamos evaluar cuántos habitantes tienen viviendas dignas. Si nadie la tiene porque todos viven en ranchos, el puntaje sería 5 puntos; si más del 75% aunque no la totalidad vive en ranchos o viviendas en muy mal estado, 4 puntos; si entre el 75 y 50% de las familias no tienen viviendas dignas, 3 puntos; si entre el 50% y el 25% viven mal, 2 puntos; si menos de una cuarta parte vive mal, 1 punto; y si todos tienen viviendas dignas, 0 puntos.

f) Niveles de paro y subempleo

A diferencia de los anteriores criterios, este criterio trata de valorar en su conjunto las dificultades socioeconómicas de los habitantes de un área territorial. Hay que tener en cuenta que la planificación participativa no se limita a la gestión de las inversiones públicas en obras y servicios, también debe contemplar la posibilidad de apoyar e impulsar el desarrollo de actividades productivas que favorezcan la autosustentabilidad del área territorial. Por eso es importante detectar las bolsas de marginalidad y pobreza para acometer allí el desarrollo de inversiones productivas como la creación de cooperativas.

Podemos utilizar como criterio el del porcentaje de población activa desempleada o que realiza trabajos marginales o muy mal remunerados.[2]

Si más de la mitad de la población activa del área territorial se encuentra en esa situación, se le asignan 5 puntos; si la población activa en esta situación es inferior al 50% y superior al 40%, se le atribuyen 4 puntos; si el porcentaje está entre el 30% y el 40%, serían 3 puntos; entre el 20 y el 30 por ciento, 2 puntos, entre el 10 y el 20 por ciento, 1 punto y menos del 10 por ciento, 0 puntos.

Una vez aprobados los criterios será necesario calcular los puntajes correspondientes a cada territorio concreto para establecer el mapa de carencias. Para ello, serán de gran utilidad las bases de datos elaboradas en cada espacio geográfico.

Para ilustrar nuestra propuesta vamos a imaginar un municipio que tenga 54.000 habitantes y que cuente con 100 millones de dólares para ser repartidos entre cinco áreas territoriales. La primera tiene 10.500 habitantes; la segunda, 12.000; la tercera, 9.500; la cuarta, 10.000; y la quinta, 12.000. Como podemos

---

2. Población que tiene o busca un empleo remunerado. Se excluye a la población que por edad u otras razones –cuidado de los hijos, labores de hogar, etcétera– no tiene ni busca un empleo remunerado.

constatar, existen dos áreas territoriales con igual cantidad de habitantes, la segunda y la quinta, sin embargo, como veremos más adelante, la primera tiene mucho más carencias que la segunda. Si repartiésemos los recursos del municipio de acuerdo al número de habitantes ambas áreas deberían recibir la misma cantidad de recursos, pero si queremos favorecer al área territorial más carente debemos usar la fórmula propuesta que nos permite evaluar lo más objetivamente posible dónde se localizan las mayores carencias.

A continuación vamos a mostrar los cuadros de carencia de las dos áreas territoriales con el mismo número de habitantes (12.000): el Área Territorial Nº 2 con importantes carencias en servicios de agua potable y aguas servidas, número insuficiente de escuelas y centros de atención médica, y el Área Territorial Nº 5 que sólo presenta problemas de cierta dimensión en las vías de acceso.

Cuadro Nº 1. Nivel de carencias del Área Territorial Nº 2 de 12.000 habitantes

Grado de carencia	100%	>75%	De 75% a 50%	De 50% a 25 %	<25%	0%	Puntaje
Agua potable		4					4
Aguas servidas		4					4
Alumbrado público					1		1
Escolaridad			3				3
Pavimentación						0	0
Puestos de salud				3			3
Servicio eléctrico en las viviendas	5						5
Vías de acceso						0	0
Viviendas dignas				3			3
Desempleo		4					4
Total Puntos de carencia							27

Cuadro N° 2. Nivel de carencias del Área Territorial N° 5 de 12.000 habitantes

Grado de carencia	100%	>75%	De 75% a 50%	De 50% a 25 %	<25%	0%	Puntaje
Agua potable						0	0
Aguas servidas					1		1
Alumbrado público						0	0
Escolaridad						0	0
Pavimentación					1		1
Puestos de salud					1		1
Servicio eléctrico en las viviendas					1		1
Vías de acceso				2			2
Viviendas dignas					1		1
Desempleo					1		1
Total Puntos de carencia							8

Realizando esta misma operación para todas las áreas territoriales, podríamos obtener el siguiente cuadro de disparidades territoriales del municipio donde se refleja el puntaje total según las carencias de cada área territorio.

Cuadro Nº 3. Disparidades de las áreas territoriales del Municipio

Área territoriales	Área 1	Área 2	Área 3	Área 4	Area 5
Agua potable	0	4	2	5	0
Aguas servidas	1	4	2	3	1
Alumbrado público	0	1	1	2	0
Escolaridad	0	3	2	1	0
Pavimentación	0	0	0	1	1
Puestos de salud	1	3	4	4	1
Servicio eléctrico en las viviendas	1	5	2	3	1
Vías de acceso	1	0	1	1	2
Viviendas dignas	1	3	1	1	1
Desempleo	1	4	1	3	1
Total Puntos de carencia	6	27	16	24	8

Una vez considerada la población afectada (criterio que analizaremos a continuación), este cuadro no sólo nos va a permitir visualizar la distribución de los recursos entre las diferentes áreas territoriales, sino que también nos ofrece pistas sobre los principales problemas del municipio. Es fácil ver que hay carencias que afectan a todas las áreas territoriales con mayor o menor intensidad como: ausencia de puestos de salud, de servicio eléctrico en viviendas, aguas servidas o el mal estado de las viviendas. En otros casos, los problemas están focalizados en algunas áreas territoriales (como la carencia de agua potable). Y hay ciertas carencias que parecen afectar de forma leve o no afectar a las áreas territoriales del municipio, como podría ser el caso, en nuestro ejemplo, de las vías de acceso.

También nos permite apreciar el grado de disparidad territorial del municipio. En nuestro ejemplo aparecen dos áreas territoriales claramente bien dotadas, la 1 y la 5, un área territorial intermedia, la 3, y dos áreas territoriales con graves carencias, la 2 y la 4. El resultado es un municipio con fuertes disparidades territoriales que es necesario corregir.

Otro uso muy interesante de este cuadro es que ofrece la posibilidad de contrastar sus resultados (basados en datos objetivos) con las prioridades que la población de estas áreas territoriales dé a estos mismos problemas. Es decir, podemos lograr la percepción subjetiva de estas mismas carencias. Es muy posible que al discutir las prioridades, la población, aun conociendo estos datos (que deberían haber sido distribuidos ampliamente antes de las asambleas) plantee prioridades que pueden no coincidir con dichos datos. Entendemos que si bien la distribución de los recursos debe basarse en los datos objetivos, la selección de los proyectos y la elaboración del plan y el presupuesto deben basarse en las prioridades establecidas por los ciudadanos y ciudadanas en el proceso de planificación participativa.

Una vez obtenida la puntuación para el caso de las carencias y conocido el número de habitantes por área territorial, proponemos usar el siguiente procedimiento para conseguir el objetivo buscado.

Primer paso: multiplicar la población existente en cada área territorial por el puntaje de carencias obtenido (ver columna 4 del siguiente cuadro).

Segundo paso: sumar el total de puntos resultante de dichas multiplicaciones lo que da un total de 875.000 puntos.

Tercer paso: dividir la cifra referida a la cantidad de recursos por este número de puntos lo que da un resultado aproximado de 114,29. Este sería el valor del punto.

Cuarto paso: multiplicar el valor del punto por el puntaje obtenido en cada área territorial al multiplicar población por carencias.

Observando el cuadro que sigue veremos cómo, usando esta fórmula, el Área Territorial N°2, que tiene la misma cantidad de población pero más del triple de puntos de carencia que el Área Territorial N°5 obtiene $37.028.571 mientras esta última sólo obtiene $10.971.429.

Cuadro Nº 4. Asignación de recursos por área territorial

	Población	Puntaje carencias	Total puntos (puntaje X población)	Valor del punto (inversión total / puntaje total)	Recursos asignados en $
1	10.500	6	63.000	114,29	7.200.000
2	12.000	27	324.000	114,29	37.028.571
3	9.500	16	152.000	114,29	17.371.429
4	10.000	24	240.000	114,29	27.428.571
5	12.000	8	96.000	114,29	10.971.429
Total	54.000	81	875.000	114,29	100.000.000

Indudablemente, una parte de los recursos transferidos a las áreas territoriales, la correspondiente a los gastos de mantenimiento de los servicios trasferidos, vendrá determinada automáticamente por el costo prefijado de los mismos, pero habrá otra parte: los recursos para gastos corrientes y los propios recursos para inversión en los que se deberían aplicar los dos criterios indicados. Para no complicar el ejemplo, vamos a trabajar con ambos criterios en su versión más sencilla, a conciencia de que ambos podrían modularse para tener en cuenta factores adicionales que aquí no contemplamos.

Así, en relación con las carencias, podría considerarse que como lo que se va a hacer es distribuir recursos para su gestión a las áreas territoriales que han asumido determinadas competencias descentralizadas, las carencias determinantes deben ser aquellas que puedan ser abordadas a ese nivel, pues son sobre las que podrán intervenir las propias áreas territoriales para resolverlas. Por ejemplo, si el tendido de la red eléctrica debe realizarse centralizadamente por la empresa municipal correspondiente, esta carencia debería disminuir su peso como criterio para asignar recursos a las áreas territoriales, pues no serán éstas las que tendrán que asumir el costo del tendido. A la inversa, si la vivienda es una competencia transferida, sus carencias deberían sobreponderarse teniendo en cuenta que serán las áreas territoriales que cuentan con los recursos transferidos las que tendrán que afrontar su solución.

Si se tomase en cuenta el criterio de densidad poblacional, muchas carencias podrían modularse teniendo en cuenta el grado de dispersión de la población. Por ejemplo, la carencia de vías de acceso en un área territorial de población dispersa requerirá recursos adicionales en relación con un área territorial con la población concentrada en una única área.

La aplicación o no de estas modulaciones será más o menos importante en función del nivel que tengan las disparidades territoriales en cada municipio Así, por ejemplo, en un municipio en el que coexistan áreas territoriales urbanas densamente pobladas y áreas territoriales rurales de población dispersa, se debería tener en cuenta el factor de dispersión de la población, mientras en otro municipio exclusivamente urbano este factor podría considerarse irrelevante.

Anexo III

Elementos a considerar en una Base de Datos

Hemos mencionado en el Capítulo III de la primera parte de este libro la necesidad de elaborar una base de datos lo más completa posible en cada espacio geográfico en que tendrá lugar el proceso de planificación participativa.

Proponemos que esta elaboración comience por las comunidades, y que los datos allí obtenidos sirvan de insumo para las bases de datos de las áreas territoriales, y que a su vez éstas nutran la base de datos municipal. Se debe poner especial atención en realidades que se suele olvidar: la situación del medio ambiente y la situación de los grupos sociales que a veces no se toman en cuenta: las personas con discapacidad, los ancianos, los niños y jóvenes, las personas con diferente orientación sexual. Es muy importante detectar también cuáles son los actores fundamentales a cada espacio o lo que hemos denominado el Mapa de Actores.

Es importante que la propia población participe en este diagnóstico y para ello es conveniente organizar grupos de voluntarios de la propia comunidad o área territorial. Estas personas deben ayudar, por un lado, a la recopilación de datos en las oficinas de las instituciones del Estado a nivel local, lo que se convierte en una interesante auditoría social de los registros que llevan esas instituciones y, por otro, deben visitar sus comunidades o áreas territoriales acompañados por un facilitador con la idea no sólo de identificar los problemas sino también las características ambientales y los recursos disponibles para solucionar dichos problemas. Estos paseos son muy útiles para identificar las micro-ecozonas.

En Kerala se puso también en práctica otra interesante iniciativa: entrevistas grupales con los ancianos de las comunidades sobre la historia local, haciendo hincapié en sus luchas para mejorar sus vidas.

Se puede facilitar esta recogida de datos si el Equipo de Planificación y Presupuesto elabora una especie de formulario con datos a llenar, procurando hacerlo lo más sintético posible.

Aquí sólo indicaremos los aspectos que consideramos habría que tener en cuenta para realizar este diagnóstico y que podrían ayudar a confeccionar dicho formulario. Estos datos deberían luego ser enriquecidos por el conocimiento de los técnicos.

A continuación señalamos los datos más importantes que se debe tratar de conseguir:

a) Datos cartográficos

Hay que averiguar si algún organismo del Estado ha confeccionado un mapa, un plano, una foto satelital, un catastro del espacio geográfico que se está estudiando. Y si estos materiales no existen, estudiar si es posible elaborarlos a partir del mapa hecho por la propia comunidad o área territorial.

Por ejemplo, se podría elaborar un mapa que incluyera tanto las potencialidades del suelo (suelo de regadío, suelo apto para la construcción), como las barreras, limitantes y zonas a proteger (fallas geológicas, suelo minado, erosionado, que puedan inundarse, yacimientos arqueológicos). Deberá incluir también la localización de la infraestructura existente, como son las conexiones viales, ferroviarias, acuáticas, red eléctrica, fuentes y red de distribución de agua y de eliminación y tratamiento de aguas servidas, etcétera.

Este mapa podría servir de base para colocar sobre él la información social que hayamos conseguido, incluidos los problemas y las oportunidades. Por ejemplo, es importante conocer dónde están ubicadas físicamente las personas más vulnerables, cuáles son los barrios donde se concentran los problemas, cuáles son las áreas privilegiadas respecto de la concentración de servicios públicos, áreas verdes, etcétera. Esta información permitirá también confeccionar el mapa de disparidades territoriales a nivel municipal.

En Ecuador existe un documento guía muy minucioso para facilitar el trabajo técnico de los planificadores.[1] En lo relativo al diagnóstico se habla de las "matrices referenciales" que hay que tener en cuenta en los planes de los distintos niveles territoriales: provincia, cantón[2] y parroquia.

b) Número y características de sus habitantes

Se debe investigar acerca del número de las personas que habitan

---
1. Guía de contenidos y procesos para la formulación de planes de desarrollo y ordenamiento territorial de provincias, cantones y parroquias, Senplades, Quito, 2011.
2. Así se denomina a los municipios en ese país.

en ese espacio geográfico y, dentro de lo posible sus características: número de niños, niñas y adolescentes, adultos, adultos mayores y cuántos de éstos están en una situación de abandono y de discapacidad; la cantidad de desempleados, el grado de escolarización, el promedio de nacimientos al año, el ingreso *per cápita*, el origen étnico, la cantidad de delitos, la drogadicción, el alcoholismo, las mujeres con embarazos de riesgo y precoces, la cantidad de enfermedades de transmisión sexual. Se debe obtener información acerca de qué cosas causan las enfermedades y la muerte de la población del lugar.[3]

c) Instalaciones

Se debe conocer el número y características de viviendas, escuelas, liceos, universidades, centros de salud, centros de trabajo, comercios, bodegas, canchas deportivas, iglesias, posibles locales para realizar reuniones, entre otros.[4]

d) Potencialidades y actividades económicas y formas en que están organizados los trabajadores

Se debe investigar con qué elementos naturales se cuenta que puedan favorecer determinadas actividades económicas: minas, mar, lago, río, playas, potencialidades del suelo, cercanía del transporte ferroviario y otros. Las actividades productivas, comerciales y financieras que se realizan en dicho territorio y si ellas están en manos estatales o privadas. Quiénes son dueños de las tierras, de las fábricas, de las empresas y servicios. Además, es ne-

---

3. En Venezuela debería indagarse acerca de cuántas personas están asistiendo o siendo beneficiadas por las misiones sociales.
4. En Venezuela se debe considerar si hay casas de alimentación, mercales, infocentros, etcétera.

cesario tener una clara noción de cuántas cooperativas, empresas de propiedad social y otras formas de asociación productiva existen en dicha área geográfica, la calidad de las mismas y las formas en que están organizados los trabajadores. Si existen sistemas de intercambio no mercantil de productos y servicios. Hay que indagar también acerca de qué otras actividades económicas y de servicios podrían desarrollarse de acuerdo a las potencialidades de dichas áreas geográficas para que sean cada vez más autosustentables.

e) Potencial humano

Hay que averiguar cuál es la situación de la fuerza de trabajo (ocupada, desempleada, semiempleada) en esa área geográfica obteniendo una caracterización por sexo, edad, discapacidad, origen nacional y étnico y su situación en relación con los derechos laborales. También es fundamental para el proceso de planificación participativa que proponemos la identificación de los liderazgos más importantes y personas destacadas en ella que puedan transformarse en los principales actores del proceso.

f) Situación de la mujer

Como nos interesa especialmente acabar con la discriminación de la mujer, debemos poner especial atención en cuál es su situación (escolaridad, situación laboral, participación política, violencia contra ella, etcétera).

g) Comunidades organizadas en cada área territorial y calidad de dicha organización

También es fundamental tener un conocimiento acabado de cuántas comunidades organizadas existen en cada área territorial, cuál es su calidad organizativa, si sus dirigentes fueron electos en forma democrática, si logran convocar a sectores importantes de la población, si se reúnen con una determinada frecuencia, si estas reuniones son creativas y si en ellas se toman decisiones autónomas, si esas comunidades tienen capacidad de gestión, si están realizando algunos proyectos, si sus activistas han recibido alguna formación sistemática, si cuentan con alguna entidad financiera para gestionar sus recursos, si cuentan con algún tipo de contraloría social, etcétera. Y en el caso en que no existan comunidades organizadas, en qué espacios podrían conformarse.

h) Organizaciones sectoriales o grupos de interés

Debemos saber con cuántas organizaciones sectoriales se cuenta. En Venezuela, por ejemplo, existen: mesas técnicas de agua, mesas de energía, grupos culturales, deportivos, comités de madres del barrio, grupos religiosos, estudiantiles, de comerciantes, de voluntarios.

i) Problemas que existen en ese espacio territorial

Se debe hacer un diagnóstico de aquellos asuntos que afectan al normal y digno desenvolvimiento social de los habitantes residentes en cada espacio geográfico como, por ejemplo: falta de servicios básicos (aseo urbano, electricidad, agua, cloacas, asfalto), inseguridad, desempleo, falta de infraestructura recreativa (canchas, centros culturales, parques, plazas), falta de infraestructura social (escuelas, ambulatorios, hogares de cuidado de niños). Se debe poner especial atención en los problemas de contaminación y otros problemas ambientales, y en la vulnerabilidad de determinadas zonas.

j) Problemas que trascienden sus fronteras

No sólo se deben analizar los problemas de cada área geográfica, sino también deben detectarse los problemas que trascienden sus fronteras como, por ejemplo, el de la vialidad o el servicio de transporte que son problemas que afectan a todo el municipio.

k) Beneficios externos que recibe

Se deben conocer los programas sociales del gobierno nacional que benefician a esa área geográfica y saber cómo están funcionando.

En el caso de Venezuela, por ejemplo, la comuna se beneficia de los siguientes programas: Mercal, Pdval, misiones educativas, Misión Barrio Adentro; planes de financiamiento popular nacional, regional o municipales como Inapymi, Banco del Pueblo Soberano, Banco de la Mujer, Fondemi, Fonendógeno, cajas de ahorro, bancos cooperativos, fondos de crédito regional.

l) Iniciativas solidarias

Hay que saber qué iniciativas se han desarrollado en torno al tema social como, por ejemplo: casas de abuelas y abuelos, lucha contra las drogas, el rescate de espacios culturales y deportivos, entre otros, que manifiestan el sentido de preocupación por el otro, la solidaridad, el trabajo social y comunitario de los habitantes. Estamos hablando de trabajo voluntario, no remunerado.

m) Tradiciones culturales

Es importante conocer las tradiciones culturales que caracterizan esa área geográfica. Muchas veces es a través de ellas como podemos llegar más fácilmente a sus habitantes.

n) Marco legal

Se debe investigar qué leyes y normas existen en relación con las actividades a desarrollar, por ejemplo, si existen normas para proteger el medio ambiente, o normas para la ejecución de obras de competencia del gobierno nacional, y se debe vigilar para que se cumplan.

ñ) Consolidación de los datos en un documento de trabajo

Estamos de acuerdo con quienes alertan que hay que tener cuidado en no hacer de este trabajo una lista interminable de datos, de tablas y de números que por un lado quita tiempo a tareas mas importantes de participación social, y por otro no significan gran cosa. Por ejemplo, el dato sobre la renta promedio es un dato que dice menos que el dato acerca de cuánto reciben los sectores más pobres en comparación con los sectores más ricos.

Toda esta información, recogida y sintetizada en la forma más pedagógica posible, permitirá que la gente vea con mayor claridad su situación inicial, la interrelación entre los distintos asuntos territoriales, las oportunidades existentes y podrá determinar prioridades en forma mas informada. Y muy especialmente, facilitarán la participación de niños, jóvenes y personas con menores niveles de educación o capacidad de pensamiento abstracto.

Links a los libros y audiovisuales sobre participación de Marta Harnecker y a los Documentales de Luis Acevedo Fals

De armonía y conflictos (alcaldías de Santos y Diadema, Brasil) Ediciones MEPLA, Colección: Haciendo camino al andar No 1, Cuba, 1993; Fundarte, Venezuela, 1994. En: http://www.rebelion.org/docs/92114.pdf

Aprendiendo a gobernar (Alcaldía de Porto Alegre, Brasil) Ediciones MEPLA, Colección: Haciendo camino al andar No 2, Cuba, 1993; Fundarte, Venezuela, 1995. En: http://www.rebelion.org/docs/92113.pdf

Triturados por el aparato institucional (Alcaldía de Vitoria, Brasil) Ediciones MEPLA, Colección: Haciendo camino al andar No3, Cuba, 1993; Fundarte, Venezuela, 1995. En: http://www.rebelion.org/docs/92115.pdf

Una alcaldía asediada (Alcaldía de São Paulo) Ediciones MEPLA, Colección: Haciendo camino al andar No 4, Cuba, 1993; Fundarte, Venezuela, 1995. En: http://www.rebelion.org/docs/ 92378.pdf

Gobernar tarea de todos (Alcaldía de Caroní, estado Bolívar) Ediciones MEPLA, Colección: Haciendo camino al andar No 5, Cuba, 1994; MEPLA-Fundarte, Venezuela, 1995. En: http://www.rebelion.org/docs/92117.pdf

Un pueblo que se constituye en gobierno (Intendencia de Montevideo) Colección: Haciendo camino al andar No 6, MEPLA-Fundarte, Venezuela, 1995. En: http://www.rebelion.org/docs/92382.pdf

Alcaldía de Caracas: Donde se juega la esperanza, Colección: Haciendo camino al andar No7, MEPLA-Fundarte, Venezuela, 1995. http://www.rebelion.org/docs/95162.pdf

Forjando la esperanza (Segunda parte sobre Intendencia de Montevideo), LOM, Chile, 1995. En: http://www.rebelion.org/docs/92121.pdf

Haciendo camino al andar (experiencias de 7 *alcaldías latinoamericanas*). Premio Nacional del Libro 2005 en Venezuela, LOM, Chile, 1995; Thesaurus, Brasil, 1996; Monte Ávila, Venezuela, 2005. En: http://www.rebelion.org/docs/92120.pdf

Memoria oral y Educación popular (reflexiones metodológicas) Junto con Isabel Rauber, CENDAL, Colombia, 1996. En: http://www.rebelion.org/docs/92119.pdf

1997. *Construyendo casas y transformando al hombre*, (Santa Clara, provincia de Villa Clara, Cuba), MEPLA-ACEI, Cuba, 1996. Segunda edición MEPLA- Alternatives, Cuba, 1997, con las palabras de Abel Prieto, miembro del Buró Político y presidente de la UNEAC. http://www.rebelion.org/docs/95164.pdf . Ver documental en: http://videosmepla.wordpress.com/

Fraguando el porvenir (escuela y comunidad), MEPLA-UNICEF, Cuba, 1997. Segunda edición con correcciones y presentación de Ricardo Alarcón, presidente de la Asamblea Nacional del Poder Popular, MEPLA-Oxfam Canadá, La Habana, 2002. En: http://www.rebelion.org/docs/95163.pdf. Ver documental en: http://videosmepla.wordpress.com/

Delegando poder en la gente (presupuesto participativo en Porto Alegre, Brasil) MEPLA, Cuba, 1999; Monte Ávila, Venezuela, 2004. En: http://www.rebelion.org/docs/95167.pdf . Ver documental en: http://videosmepla.wordpress.com/

Buscando el camino (Método de trabajo comunitario), MEPLA, Cuba, 2000. En: http://www.rebelion.org/docs/95168.pdf . Ver documental en: http://videosmepla.wordpress.com/

Sin Tierra. Construyendo Movimiento Social: Siglo XXI España, 1ª ed. 2002; en inglés en Editora Expressâo Popular, Brazil ; en francés por CETIM, Suiza, 2004; Ministerio de Agricultura y tierra, Venezuela, 2005. En: http://www.rebelion.org/docs/98479.pdf. Ver documental en: http://videosmepla.wordpress.com/

Diseñando con los vecinos de la manzana, Ediciones MEPLA, Cuba, 2005. En: http://www.rebelion.org/docs/97072.pdf . Ver documental en: http://videosmepla.wordpress.com/

Herramientas para la participación (con Luis Bonilla y H. El Troudi y), Fondo Editorial Tropykos, Venezuela, Traducido al portugués. En: http://www.rebelion.org/docs/97073.pdf

Presupuesto Participativo en Caracas. La experiencia del Gol, Serie Biblioteca Popular, Colección Testimonios Nº1, La Burbuja Editorial, Caracas, 2005. En: http://www.rebelion.org/docs/97074.pdf

Los desafíos de cogestión (Cadafe y Cadela), Serie Biblioteca Popular, Colección Testimonios Nº2, La Burbuja Editorial, Caracas, 2005. En: http://www.rebelion.org/docs/97075.pdf

Gobierno comunitario. Transformando el Estado desde abajo (Municipio Libertador, Estado Carabobo), CIM –Monte Ávila Editores, Venezuela, 2007. En: http://www.rebelion.org/docs/97077.pdf . Ver documental en: http://videosmepla.wordpress.com/

El sistema político yugoslavo. Buscando un camino, alternativo al sistema representativo burgués y al sistema estatista soviético (selección de textos) CIM, Venezuela, 2007. En: http://wwwp.rebelion.org/docs/97079.pdf

Transfiriendo poder a la gente (Municipio Torres del Estado Lara), CIM–Monte Ávila Editores, Venezuela, 2008. En: http://www.rebelion.org/docs/97082.pdf. Ver documental en: http://videosmepla.wordpress.com/

La descentralización ¿fortalece o debilita el estado nacional? Marta Harnecker (coordinadora). Sólo en: http://www.rebelion.org/docs/97088.pdf

Planificación y democracia económica, Resumen en español del libro de Pat Devine por Marta Harnecker y Camila Piñeiro. Sólo en: http://www.rebelion.org/docs/97087.pdf

Estado Kerala, India: una experiencia de planificación participativa descentralizada (Richard Franke, M. Harnecker y otros). Sólo en: http://www.rebelion.org/docs/97086.pdf

De los consejos comunales a las comunas. Construyendo el socialismo del siglo XXI. Sólo en: http://www.rebelion.org/docs/97085.pdf

Planificación participativa en comunidad (con Noel López) Sólo en: http://www.rebelion.org/docs/97084.pdf. Existe un audiovisual pedagógico sobre el mismo tema en: http://videosmepla. wordpress. com/

Usted puede encontrar otros documentales sobre participación popular en la página web: http://videosmepla.wordpress.com/